プーチン露大統領とその仲間たち

私が「KGB」に拉致された背景

塩原俊彦

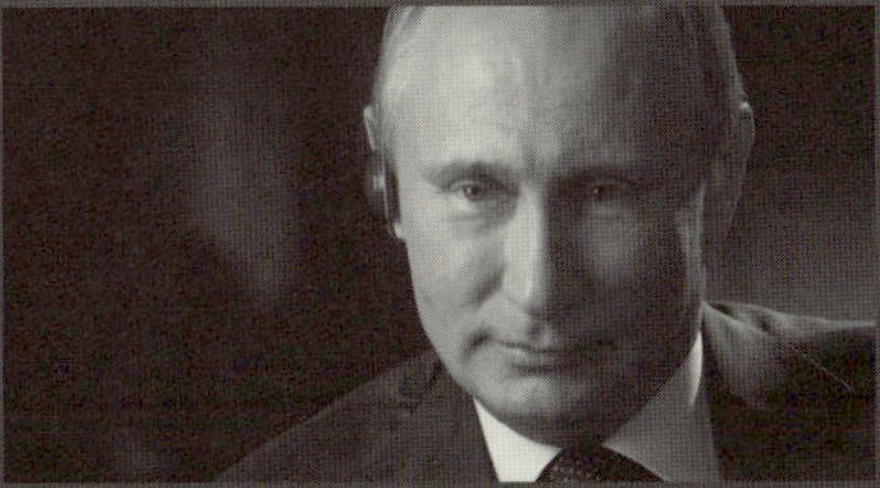

Президент России, Путин и его друзья

社会評論社

はじめに

人生は経験で構成されている。人生を振り返るとき、いい想い出として記憶に刻まれている経験もあれば、にがにがしい体験として忘れてしまいたいのだが、忘れられない出来事もあるだろう。いずれの経験も時間がたてば、記憶は少しずつ風化し薄れていく。

本書は、おそらく筆者が経験した出来事を文字にとどめることで、こうした風化を少しでも食い止めることをねらいとしている。筆者の「生きた証」を残すだけでなく、本書を読んだより多くの人々が今後の人生を生き抜くためのヒントになれば幸甚と思い、ここに「真実」をあえて書くことにした。拉致事件が決して北朝鮮による過去の出来事であるのではなく、ロシアのような国でも日本人が拉致事件に巻き込まれる可能性がいまもあるという現実を知らせることで、少しでも多くの日本の読者に警鐘を鳴らしたいと心から願っている。

筆者は二〇一六年二月二〇日に、ソ連時代、国家保安委員会（KGB）と呼ばれた組織の後継機関、連邦保安局（FSB）によって拉致された。そして、「協力に合意します」という日本語で書かれた文書への署名を強要された。この事実をめぐって、第1章でまず、なにが起きたかを説明することにしたい。それは、これまでのFSBと筆者との「微妙な関係」を語ることであり、ロシア側のわけのわからないFSBという組織の現実のやり口を具体的に明らかにすることでもある。その実態を明らかにすれば、国家権力の実際のやり口が明らかになるだろう。それを示すことで、読者の一人一人が国家について考え、その枠組みのなかで生きざるをえない一回だけの人生を全うするためのヒントとしてほしいと考えている。

それだけではない。日本の旅行代理店が合法とは言えないやり方で入手したビザを取得して、ロシア国内に入国している日本人がいまでも多数いる。ロシア当局は、この「不正」に気づきながらあえて野放しにしていると言える。なぜか。答えは簡単だ。筆者と同じように拉致して、協力者に仕立て上げるためである。いつでも拉致できる状況をあえてつくり出すことで、たくさんの「協力者」を強制的に生み出すメカニズムがいまでも機能しているのだ。スパイをつくるための罠がいま現在も仕掛けられていることになる。おそらく過去にも、数々の日本人がこの罠にかかり、実際に「協力者」となっていまでもスパイ活動している可能性がある。この負の連鎖を断ち切るには、ロシアの手口を白日のもとにさらすしかあるまい。ロシアとのビジネスにかかわる者はみな、この章を熟読し、ロシアの罠にかからないための方策を講じるべきだろう。もちろん、日本国政府もまた、こうしたロシア当局による「スパイ創出メカニズム」を一刻も早く破壊しなければならない。

第2章では、FSBに押収されてしまったモスクワでの取材に使った質問項目を紹介しながら、筆者がなにを調べようとしていたのかを明らかにしたい。質問時にメモしたノートについて、取り調べの最中、筆者は「ほしければ、やるよ」と強がってみせたのだが、幸いにして返してくれたので、このノートをもとにしてモスクワでの取材結果を報告したい。これを紹介すれば、いまのロシアで起きている問題点がわかるだろう。加えて、ＦＳＢがそもそもどのような機関で、それがいまどのような現状にあるかを説明する。実は、二〇二〇年の東京オリンピック・パラリンピックの開催を控えて、日本の治安機関はロシアに学ばざるをえない状況にある。二〇一四年二月にソチで開催された冬季オリンピック・パラリンピックでのロシアのテロ対策の経験や、二〇一八年にロシアで開催される、サッカーのワールドカップへの準備に学ぶべき点があるからだ。とくに、インターネット規制の強化といった問題についても紹介したい。日本ではあまり知られていないインターネット上の e-mail などを監視するシステム（ＳＯＲＭ）や匿名通信システム・トーアについてもふれたい。

第3章は、ＫＧＢ出身者であるプーチンの正体について語りたい。ここでの記述は、二〇一五年に筆者が読んだ数十冊の英語の本のなかでもっとも感銘を受けたマイアミ大学のカレン・ダウィシャによって著された『プーチンの盗賊政治』（Putin's Kleptocracy）に依存ながら、プーチンが大統領に就くまでに形成された人間関係を冷静に分析したい。犯罪にまみれたプーチンという男の正体を示したい。筆者は拙著『ネオＫＥＢ帝国』という本や『プーチン２・０』のなかで、プーチンの実態について紹介したことがある。だが、これらの記述が不十分であったと率直に反省している。プーチンのもとで国家権力が構築されているロシアの恐るべき「真実」を「プーチンの仲間たち」を紹介するなかで描きたい。

第4章は、国家について一般的な議論を展開する。国家の安全保障を守るために、FSBは働いている。そのために、外国人にときに理不尽な振る舞いをする。その不遜で横暴な扱いを受けた被害者になってみて、つくづくと思うのは国家の怖さである。そこで、国家について考えてみたい。いわば「政府の失敗」について論じるための章である。人類の歴史からみると、現在、人間を統治する機構として勝利を収めているのは主権国家である。主権国家が誕生する前には、神や皇帝などが支配者として大きな力をもってきた。いわば、最後の勝利者としての国家＝政府が現在、その都合に沿った歴史を捏造し、義務教育を通じて教え込ませていることに気づいている人は少ないのではないか。そもそも「国家」や「政府」がどのように形成され、どう振舞ってきたかを明らかにし、その結果、国民を虐げている現実を語りたい。そこでみえてくるのは、ロシア政府のため、すなわちプーチンのための暴力装置であるFSBが外国人だけでなく、ロシア国民をもないがしろにしているという構図である。同じ構図は実は、米国にもあるし、日本にもある。国家は怖い存在なのだ。

終章では、あいかわらず国家の枠組みのなかで生活していかなければならない多くの地球上の人々について考えたい。筆者はかつて小説家、庄司薫が『狼なんか怖くない』という作品を書いたのにならって、「国家なんか怖くない」と思えるような二一世紀後半が訪れるように終章で若干のコメントを残すことにした。

プーチン露大統領とその仲間たち＊目次

第1章 「KGB」による脅し

1　なにが起きたのか

二〇一六年二月二〇日、モスクワ時間の午前一〇時四五分ころ、連邦移民局を名乗る私服警官三、四人に拉致された。モスクワの目抜き通り、トヴェリスカヤ通りから一本路地に入った場所である。一四日から滞在していたアパートの出入り口を出て、通訳をしてくれているロシア人と会った直後のことだ。

「モスクワの連邦移民局の者だ」と言いながら、身分証明書を示し、「パスポートを見せろ」と命令した。パスポートを見て筆者を確認すると、「移民法の関係で質問があるから連行する」とたたみかけた。もちろん、何のことやらまったくわからない。通訳と引き離されるのが怖かったから、抵抗した。ところが、「通訳は用意している」と話し、二人の私服警官に両脇を抱えられて無理やりワゴン車に押し込まれてしまう。

ワゴン車のなかで、携帯電話は出せというから、素直に渡した。ワゴン車には、運転手、その右に警官一名。向い合わせの席に二人の私服警官、彼らの前に筆者ともっとも地位が高いとみられる警官が座った。土曜日であったせいもあって、ワゴン車は順調に南東に向かい、二〇分ほどで停車した。どうやらどこかの治安機関の建物のようだった。間口は狭いが、決して脇道ではなく、二車線の通りに面した場所だ。

二階に上がると、まず小部屋があり、そこでオーバーコートを脱ぐように言われ、左手の部屋に通された。二重扉を開けると、そこは六畳ほどの部屋で、中央に一人の男、その向かって左手にもう一人の男がおり、手前に女性がいた。それに、中央の男の前に、もう一人若い男性がいた。どうやら彼が書記で、ここでの話を記録するらしい。

「別件拘束」という手口

「ロシア語はわかるか」と、ロシア語で聞いてきた。「知らない」とのそぶりを見せると、通訳がいると説明し、女性が通訳をはじめた。最初の嫌疑はビジネスビザ取得に関する不正についてであった。だから、連邦移民法に違反するということが問題になったらしい。彼らは申請にある内容と、モスクワでの業務内容の齟齬を問題にした。

ところが、この通訳が筆者の言葉を正確に伝えていないことがすぐにわかった。「いったい、無理やりに拘束した法的根拠はなにか。わたしはプーチン大統領の主宰するヴァルダイクラブ（外国の学者やジャーナリストを中心に構成されるプーチンシンパを養成せんとする組織）の会員でプーチンと会食したことある」と言うと、彼女は前の発言だけを訳し、うしろの発言を無視した。そこで、「おい、なぜ正確に通訳しないのか」と、その女をにらみつけながら、筆者はどなった。

「あなたは、ロシア語はわからないと言った。なぜ嘘をついた」と、今度は正面に座っていた四〇歳前後の男がどなりつけてきた。「いきなり拘束されて、無理やりこんな場所に拉致されて、本当のことを話すことなどできるものか」と、筆者は日本語でいった。「ロシア語は読めても、話したり聞いたりするのはうまくない」とつづけた。

緊迫した雰囲気のなかで、尋問がつづいた。モスクワでビジネスビザの発行を求める申請書に事実と異なる記述があることが問題になったのだ。ロシアに出向くとき、観光ビザかビジネスビザを取得しなければならない。筆者は仕事のためにもう十年以上、毎年、一、二回、ときに四回ほど、ロシアを訪問してきた。その際、いつもビジネスビザを取得してきたから、今回もビジネスビザを取得していた。

ビジネスビザの取得には、先方からの招待状が必要であり、その招待状が日本に届くのを待って日本にあるロシア領事館にビジネスビザを申請するという手順になる。招待状を発給する場合、ロシア企業はその発給に不熱心で時間がかかる。外国人を招聘すること自体、治安機関から目をつけられることになるから、避けたいのである。このため、日本のビジネスマンの多くは旅行代理店にビジネスビザ発給に伴う諸手続きを丸投げすることが広く慣行となっている。筆者もその慣行にしたがっていただけの話である。

PRATOSという会社が私を招待したことになっていたのだが、その業務内容が事実と異なっているというのだ。どうやら医療関係の仕事で招聘すると書いてあったようだ。筆者は日本の旅行代理店にビジネスビザの取得を丸投げしており、代理店が過去にどのようにビザを取得したのかはまったく知らない。だから、正直に事情を説明した。すると、その旅行代店の名前を言えという。

「大陸トラベル」という名前を明かすと、今度はその住所と電話番号を言えとたたみかけてきた。パソコンを調べる作業したが、どうも資料が見つからない。「この部屋でインターネットは使えるか」と尋ねると、「もういい」ということになった。

中央の男は、ビザ申請に法律違反が明らかになったから、筆者を国外退去の措置にして、一〇年間、ロシアへの入国を禁止することができると言い出した。「まあ、この程度であれば仕方ないか」と思ったが、つぎに意外な展開が待っていた。

2　「KGB」による取り調べ

「私はFSBの職員だ」

突然、中央の男が日本語でしゃべった。「これからはFSBの人間として話をする」と、これも日本語でいった。

FSBとは、連邦保安局のことで、ソ連時代の悪名高き「KGB」（国家保安委員会）の後継機関である。プーチンはかつてKGB職員であったが、その後継機関であるFSBの取り調べを受けるというのは、相当、緊張を迫られる事態であったことになる。

中央の男は、だれに会い、どんなことを聞いたのかを知ろうとした。といっても、再び彼はロシア語で話すようになり、脅しのために日本語もわかるふりをしていることがすぐにわかった。筆者としては、なにも悪いことをしているわけではないから、素直にすべてのスケジュールを書いたA4版の紙一枚を渡した。ついでに、一冊のB5版のノートをみせて、これにすべての取材内容が書いてあると説明した。ついで、各人に向けて用意した質問事項をロシア語で書いたA4版の紙一二枚の紙もあったから、それも渡した。彼らは、それらをコピーしようと別室に持ち出した。さらに、筆者のリュックサックの中身を出しはじめ、パソコンも持ち出した。

とくに関心を示したのは、軍事にかかわる問題だった。どうやら筆者を「知りすぎた男」としてスパイ容疑で逮捕しようとする素振りを見せた。彼らの本気度を示すためなのか、三、四枚あった写真の拡大コピーのうち、一枚を筆者の前に置いた。「みんな調べている」と、中央の男は再び日本語ですごんできた。写真に撮られていたのは、二月一五日の午前一一時にカフェ・アカデミヤで行った取材時の写真であった。筆者、通訳、そして新聞「コメルサント」の幹部がいずれも立話をする姿が写されている。おそらく、取材の最初の挨拶か、別れ際を隠し撮りしたものだろう。今回の出張は一四日に成田を飛び立ち、同日午後モスクワに到着したところからスタートした。一五日の会合はそのまさに最初の仕事であった。

「あなたが会ったマキエンコにはすでに尋問した」という話もした。「彼は軍事のことを聞かれたと認めた」として、マキエンコの尋問調書とおぼしき紙も見せた。マキエンコとは、コンスタンチン・マキエンコで、ロシアで有名な軍事評論家である。

さらに、中央の男のデスクの上には、Ａ４版の薄青色のスクラップブックが置かれており、尋問調書もそのなかから抜き取った。しかも、その厚さは四センチほどもあったから、なんでも知っているという印象をここでも筆者に植え込もうとしたことになる。

まったくの誤解

筆者はロシアの軍事専門家ではなかったし、いまでもロシアの軍事だけの専門家ではない。一橋大学大学院経済学研究科修士課程を修了した際には、当時のソ連の経済政策を専攻した。修士論文のタイトルは「ソ連企業の自己金融をめぐる諸問題」であり、純然たる経済学の論文である。その後、朝日新聞のモスクワ特派員として、一九九五年から一九九八年まで、モスクワに滞在したが、その際も、どちらかというと経済関係を報道したのであって、決して軍事にはかかわっていなかった。

ただ、高知大学の教員になってから、二〇〇三年に『ロシアの軍需産業』という岩波新書を上梓した。その後、二〇一〇年に『「軍事大国」ロシアの虚実』を岩波書店の単行本として刊行した。このころから、ロシアの軍事問題についても、ロシアという国家の権力を分析するために考察するようになっていたのは事実である。だが、それはあくまでロシアで入手可能な資料をもとに研究を重ねただけだ。

筆者にとって信じられないことであったのは、ロシアの軍事研究に不可欠な情報提供をしてくれる機関に二つの組織があったのに、これらの機関から情報を購入する日本の組織や日本人がだれもいなかったという唖然とする事実である。筆者からみると、これらの機関の情報を入手しなければ、ロシアの軍事情勢など決して分析できないはずだが、日本の機関はまったくこうした情報を入手していない。前述したマキエンコは『武器輸出』という年六回刊行されている雑誌に頻繁に記事を書いている人物であり、その雑誌を筆者はもう一〇年以上、購入している。発行責任者のルスラン・プーホフという、これまた有名な軍事専門家に頼まれて、この雑誌を購入してくれという依頼文の入った手紙を日本の防衛省関係者に日本帰国後に投函したこともあるのだが、二〇一六年二月現在、日本の顧客は筆者ただ一人であるという、信じがたい状態がつづいている。

もう一つ、軍産複合体にかかわる情報を別の組織から購入してきた。軍産複合体の改革に関する報告書を年四回、メールで送ってもらうほか、軍事予算関連のまとめを年二回送ってもらう契約を一〇年以上継続している。こちらも、日本の顧客は筆者だけだ。ただ、今回、契約延長を求めたところ、「軍事機密への規制強化で外国人への情報提供ができない状況にある」として契約延長ができないという事態に追い込まれた。これを知ったのは二月一八日だが、それほどまでにロシアが軍事情報に神経質になっていたことになる。

こうした経緯がわかっていれば、筆者が軍事情報の取材を『武器輸出』を刊行する事務所でマキエンコとしたのはごく当たり前のこととわかるだろう。毎年、同じことを繰り返しているのであり、年間一〇〇〇ドルを支払って雑誌を買ってくれている、日本の唯一の顧客である筆者との質疑は、彼らにとって仕事の一部であっただけのことだ。しかも、彼らは軍事情報を扱うことをビジネスにしており、外国の顧客への情報提供で問題を起こすことは彼らのビジネスそのものの屋台骨を揺るがしかねない。そもそも彼らが機密情報を知っているかどうかも疑わしい。そう考えると、要するに難癖、すなわち言いがかりをつけて、筆者になにかを要求しようとしているというねらいが透けて見えてくる。

「公安を知っているか」という質問を何度も受けた。中央の男が何度も日本語で尋ねてきた。どうやら彼らは公安に頼まれて、筆者がロシアの軍事のことを調べまわっていると考えているのだろう。仕方ないから、高松にある法務省の事務所の若い人には会ったことがあることは認めてやった。だが、少なくとも一年ほど、彼とは会っていないと説明した。事実、すべての質問は筆者が自分で用意したものであり、その質問が詳細をきわめているのは、専門家同士の専門的な話をするためのもので、だからこそ筆者は複数の軍事評論家から評価されていた。ゆえに、彼らは筆者がロシアを訪問するたびに喜んで会ってくれたのである。こうした事情をまったく考慮しない中央の男は執拗に「その人物の名前を言え」と脅してきた。それでも、しらを切りつづけた。六〇歳直前の爺に厳しい緊張状態のなかでそんなことを言われても、思い出せるはずもない。すると今度は、「帰国したらメールで二四日までに連絡しろ」と迫ってきた。

「協力せよ」と恫喝

こうした不当で不愉快な尋問がつづけられるなかで、人というのはやたらにのどが渇くものであることを初めて体験した。筆者が座らされた椅子の近くには、ペットボトルとプラスチックでできたコップが置かれていたから、了解を得たうえで、この水を何度も飲んだ。結局、尋問は四時間以上におよんだのだが、終わるころにはもうペットボトルの水はなくなっていた。

結局、中央にいた男は「協力に合意します」と日本語で書かれたＡ４の白い紙を差し出した。要するに、スパイになれば、解放してやるし、今後、ロシアに来るたびに会いたい人物に会わせてやるし、報酬も支払うという。署名しなければ、スパイ容疑で逮捕し、徹底的に取り調べると脅した。

こんなとき、署名を拒否するほど筆者はバカではない。素直に日本語で署名した。すると、今度は具体的に台湾の情報がほしいと言い出した。「ガスパジン・シオバラ（塩原さん）、あなたの知り合いで台湾に詳しい人から台湾の情報を教えてもらってほしい」というのだ。この話をはじめたのは、中央の男の隣にいた、やや年配にみえる人物だ。

これに対して、筆者は「台湾に出かけると、パスポートにその事実が残るから、今度は中国に行きにくくなる。したがって、台湾に関心をもち、中国本土も研究するような人物は日本にはほとんどいないし、私も知らない」と、率直に伝えた。すると、今度は「中国の研究者で仲のいい人物から情報を引き出してもらえないか」と言ってきた。「私がいま、ハイハイいって、簡単に

了解してすぐに解放してもらったとしても、その後、日本に帰ってなんの情報も紹介できなければ、あなたたちは怒るだろう。だから、いまのうちにはっきりと言っておくが、中国研究者など知らないし、大した情報を渡すことなど、私に期待されても不可能だ」と、はっきりと伝えた。

こんな態度だから、結局、四時間以上も、理不尽な状況に留め置かれた。それでも、ようやく解放された。質問事項を書いたロシア語の用紙と名刺が押収された。名刺に書いていなかった携帯電話の番号を書けというので、正直に番号を書いた。そして最後に、法務省の若い人物の氏名を知らせる連絡先として、中央にいた人物が名刺をくれた。その名刺にあるメールアドレスに連絡しろというわけだ。

名刺には、「連邦漁業庁・国際協力総局　ミリュチン・ヴィクトル・ニコラエヴィッチ」とある。副部長という肩書もある。どうやらFSBから出向する形で、こうした名刺を持ち歩いているのだろう。

「敵か味方か」

解放される前に、ミリュチンは「敵か味方か」とロシア語で訊いてきた。これで二回目か三回目の質問だ。尋問のはじめのころ、筆者は「そんな質問に答えられない」と突っぱねた。どうやらFSBはこの答えを行動基準にしているらしい。思えば、FSB職員でありながら、FSBにとって不利な情報を流して裏切者のレッテルを張られた、第2章で紹介するアレクサンドル・リトヴィネンコは「敵」として英国で暗殺された。プーチンと親しい関係、つまり「味方」であったボリス・ベレゾフスキーという富豪も二〇一三年に英国で死体で発見された。自殺説もあるが、「敵」として葬り去られた可能性が高い。

ロシア語で「敵か味方か」を表現する言い方が「ブラーグ・イーリ・ドルーグ」(発音に忠実に記すとグはク)であることをこのとき初めて知った。「ドルーグ」とは「友達」を意味するだけかと思っていたが、たしかに英語でも「味方」は friend ないし ally と表現するようだ。

筆者は「敵と味方」に分けて考える見方に敏感なたちである。というのは、もう二〇年ほど研究をつづけてきた「腐敗」研究において、「敵か味方か」はもっとも基本的な規準だからである。賄賂を贈ったり、受け取ったりする行為は互いに「味方」であることを確認する行為といえる。したがって、「敵か味方か」の峻別に基づく「腐敗」問題は「人間の安全保障」に深くかかわっているのだ。

日本の場合、頻繁に四季折々につけ届けをする習慣があった。贈り物を受け取るかどうかは、「敵」か「味方」を峻別する重要な手段であり、贈与と返礼という互酬関係を築けなければ、そこには仲間意識が生まれず「和」が成り立たないことになってしまう。ただ、その関係は移ろいやすいから、せめて四季ごとに贈与と返礼という贈答を繰り返すことで、互酬関係を確認・維持することが求められたのである。つまり、頻繁な贈答という互酬は「和」を確認し、維持するための手段なのだ。しかも、そこでの贈与と返礼は価値の相当性を重視する「対価性」を重視するものであったから、結果的に「均衡の原理」に近づくことになる。こうして日本では、贈答にかかわるきめ細かい文化が育ったと言えるのだ。お年玉、香典、お布施、餞別などを「包む」文化が生まれたのもこの延長線上でのことであった。

こんな冷静な分析ができるのも、七月にこうした内容が書かれている拙著『官僚の世界史：腐敗の構造』が刊行されるからだが、だからこそ「敵か味方か」というミリュチンの問いに妙な違和感を覚え、こんな些細なことをいまでもよく記憶しているのかもしれない。

分かれる直前の「敵か味方か」という問いかけに筆者はもちろん「ドルーグ」と答えた。「敵」を欺くためには嘘も方便ということだ。

二月二四日を過ぎて以降も、筆者はミリュチンになんの連絡もしていない。おそらく彼は筆者を「敵」とみなし、報復を仕掛けてくるかもしれない。しかし、本書が公刊され、心あるロシア人が本書を正確にロシア語に翻訳して分析してくれれば、今回の事件が一部のＦＳＢによる暴走であったことがわかるであろう。そう信じている。

3　さらばモスクワ

解放された時刻は午後三時過ぎだった。ＦＳＢの分署とみられる前で、ここをまっすぐ行けば、「キタイ・ゴーラド」の地下鉄駅に出ると、下っ端の署員に指さされ、なんとか悪夢のような場所から立ち去ることができた。

モスクワ特派員時代に地下鉄に乗った経験はたぶん三回くらいだろう。それも、一人ではなくいつも助手と一緒だった。というわけで、タクシーに乗ることも考えたが、ひたすら逃げるように地下鉄駅をめざした。一〇分ほど歩いて駅に着くと、宿泊先の最寄り駅である「チアトアーリナヤ」駅まで向かった。駅を出ると、モスクワの最高級ホテル、リッツカールトンや下院から三分ほどのところにあるアパートをめざした。結局、宿泊先のアパートの前まできて、ふと通訳に連絡しなければならないと気づき、携帯電話で電話した。電話は返却してもらったから、助かった。すでに、通訳は自宅に車で送り届けられていた。

アパートの自室ですぐにやったことはパソコンの修復だ。パソコンは返却されたが、どうせなにか仕組んでいるに違いない。案の定、ウィンドウズを一週間ほど前の状況に復元しようとすると、「ローカルディスクが壊れています」という表示になって、うまくゆかない。そこで、あやしそうなファイルを削除して、ようやく復元することができた。もっともこれで本当に不正ソフトが退治できたかどうかはわからない。いまのところ問題はないように思えるから、このパソコンを使ってこの原稿を書いている次第である。ついでに位置情報を「オン」から「オフ」に換えることも怠らなかったが、読者のなかでまだ必要だという点検項目があれば編集部経由で教えていただきたいと心から願っている。

モスクワを発つ二一日の午前、通訳に会い、迷惑をかけたことを謝罪した。やはりFSB職員は通訳との二時間ほどの尋問のなかで、筆者の軍事取材を問題にしたらしい。筆者は、ビザ申請で不正があったことが問題視されたと伝え、「もうロシアには来られなくなるかもしれない」と説明しておいた。通訳は、「秋に学会に招待されたのだから、そのときはきちんとした招待状が出るはずだから、お待ちしています」と気休めの言葉をかけてくれた。

二一日モスクワ時間の午後五時、日本航空四四二便はモスクワを飛び立った。もう三〇年ほどのつき合いである通訳のことを想った。「お世話になりました。どうか、お元気で」。これが筆者の通訳との最後の別れになるだろう。想えば、一九八九年、まだまったく無名の青年、エゴール・ガイダール（後の首相代行）がソ連共産党機関誌『コミュニスト』の経済部長であったとき、二人で彼の部屋を訪れたことがある。その受け答えの明晰なことに二人で驚いたものだ。「どうして塩原さんは早くからガイダールのような人物を見出すことができたのですか」とよく通訳にからかわれたものだ。走馬燈のように、彼との思い出がよみがえった。だが、心の底では、国家という存在の恐ろしさを感じていたと思う。

いま思うこと

これがモスクワでの実に興味深い事件の顛末である。今後、なんの協力姿勢を見せない筆者に対して、ＦＳＢがどんな嫌がらせをしてくるのか不安だが、この出来事を公刊することで、なんらかの抑止につながることを期待している。同時に、読者のなかにも同じような拉致・協力者要請という罠にひっかかりかねない人がいると思うので、くれぐれも注意を促したい。そうすることが日本国民としての責務であると考えている。とはいえ、日本国政府にこうした事実を伝えるにしても、どこのだれに話していいものやらまったくわからないから、こうして一冊の本にまとめて注意喚起をはかることにしたというわけだ。

日本に帰国して、少し冷静になってみると、思うことが三つある。一つはロシアのＦＳＢがまったく単独の判断で勝手に動き回っているという実態である。筆者のロシアとの関係を包括的に調査すれば、いま筆者をロシアが失うことは決して好ましいことではないことがだれにでもわかるだろうからである。

拙著『ウクライナ2・0：地政学・通貨・ロビイスト』（二〇一五年）にも書いたことだが、筆者は過去に二度、ＦＳＢから警告を受けたことがある。最初は二〇〇四年のことだ。二〇〇三年に『ロシアの軍需産業』という岩波新書を上梓した。すると、翌年、モスクワでロシア人の友人から、「ＦＳＢから塩原さんについて電話で問い合わせがあった」と教えてくれた。モスクワで偶然、出くわしたときのことである。「いい人です」と答えてくれたそうだが、話はここで終わらない。その後、筆者が明治学院大学で報告をする際、だれでも参加できる公開されたその会場に駐日ロシア大使館の一等書記官が現れ、筆者の報告を聴いて帰ったのだ。わずか五〜六人しかいない、いつものメンバーのなかで、その一等書記官だけが突出した存在感を示していた。おそらくロシア当局としては、筆者に「おまえのことは見ている」と警告したかったのだろう。筆者はと言えば、ＦＳＢが気にかけてくれるほど、筆者の著作が「現実」に肉迫しているのではないかと自信を深めた次第である。こんな風にロシア当局が警戒するほど、筆者はロシアをしっかりと分析してきたと自負している。

その後、筆者は『ネオＫＧＢ帝国：ロシアの闇に迫る』という本を二〇〇八年に刊行した。プーチンがいかにいかがわしい人物であるかを詳細に論じたものであり、ロシアの治安機関の実態を学術的に分析したものだ。おそらくこの本がロシア語に翻訳されていれば、筆者を恨んだり、入国禁止にしたりしたいと思うＦＳＢ関係者がいても不思議はない。

だが、筆者は二〇一四年に『ウクライナ・ゲート：ネオコンの「情報操作」と野望』、二〇一五年に『ウクライナ2・0』という、いずれもウクライナ危機が決してロシアによって仕組まれたものではないという事実を明確に示す本を二冊、立て続けに出した。だれがどうみても、ウクライナ危機についてロシアを擁護する内容であり、ロシアにとってこれほど望ましい本は少なくとも日本には存在しない。決してロシアに頼まれて書いた本ではなく、長年、ロシアを研究してきた筆者だからこそ、欧米の情報操作に騙されることなく事実に基づいた考察結果を披歴しただけのものである。

この二冊の上梓後、三回の講演会、ラジオ出演二回、そしてBSフジのプライム・ニュースにも出て、ウクライナ危機のきっかけをつくったのはあくまで米国であって、ロシアではないという事実を何度も強調した。これほど、ロシアにとってありがたいことはなかったと思う。はからずもロシアに「味方」したことに忸怩たるものを感じながらのことだったが。

こうした事情を勘案すれば、本書を書かせるまでに筆者を追い込むことはロシアにとっていいことではあるまい。FSBがもっと幅広い視野から塩原という男を活用しようとしていたら、別のやり方があったはずなのだ。筆者に言わせれば、KGBの後継機関であるFSBがこれほどアホであるとは思わなかったということになる。

もう一つは、個人的な恨みではめられたのではないかという想いがある。すでに記述した雑誌『武器輸出』の購入代金をめぐって、プーホフという人物とけんかをしたことがある。二年前のことだ。値上げ要求に怒った筆者はもう雑誌は買わないと伝えた。結局、向こうが折れ、代金は年間一〇〇〇ドルのまま据え置かれたのだが、彼とはもう二年間、会っていない。

この人物はなかなかのやり手で、別のロシア人から情報では、ヴァルダイクラブのメンバー選定にあたっても、大きな発言権をもっているという。筆者が購入を止めると言い出したとき、ヴァルダイクラブのメンバーからはずされるだろうと脅された。こうした人物とけんかした以上、なんらかの影響があることは予想していた。現に最近、年に一度メンバーに送られてくるアンケート依頼も来ないから、もうメンバーからはずされたのかもしれないと思っている。彼がＦＳＢを使って罠をしかけさせた証拠はまったくないが、それほど彼が筆者を憎んでいても不思議ではないはないし、彼がＦＳＢの職員とパイプをもっていてもおかしくはない。

プーホフは筆者をいじめれば、スパイとなり、ロシア政府が塩原がんじがらめにできると踏んでいたのかもしれない。だが、国家に心を売り、軍事産業を相手に商売をしている輩と筆者は心根が違う。『ウクライナ２・０』の「あとがき」に率直に記したように。筆者はあくまで「単独者」たらんとしている者であり、坂本龍馬のように「単独者」として普遍と向かい合いたいと思っているから、プーホフによる「いじめ」に屈するはずもない。プーホフが筆者のモスクワ訪問を知ったのは、通訳がアポイントメントを取り始めた一月だと思われる。それから、彼がＦＳＢに告げ口して今回の拉致に至ったとすれば、ＦＳＢの「失敗」も理解できる。塩原という人物は少なくとも二〇一六年二月二〇日までは利用しがいのある「親ロ」と解釈できる状態にあり、決して手を出してはならない人物であったことが、じっくりと調べれば、よっぽどのバカでないかぎりわかったはずなのだ。

最後に思うのは、プーチンが国家権力の強化に躍起になっているという点だ。二〇一五年一二月三一日、彼は大統領令「ロシア連邦国家安全保障戦略について」を発布した。二〇〇九年五月一二日付で当時のメドヴェージェフ大統領が出した「二〇二〇年までのロシア連邦国家安全保障について」を更新するものである。この二つを比較すると、ロシアは明らかに「悪い方向」に向かっていることがわかる。二〇〇九年の国家安全保障戦略では、その「国益と戦略的国家優先事項」を示した第二四項で、「個人の安全保障を守ることや、同じく生活水準を引き上げることによるロシア市民の生活の質の向上」といった安定的発展のための優先事項に資源や努力を集中化することを明記していた。さらに、国家安全保障を守るための「ロシア市民の生活の質の向上」として、第四六項で、「ロシア市民の生活の質の向上は個人の安全保障を守ること、同じく、快適な生活、高品質で安全な商品・サービス、労働活動への十分な支払いを入手できることによって保障されている」と書かれていた。たしかに、こうした「個人の安全保障」がまずあって、国家の安全保障が確保されると考えるのは至極真っ当に思える。

ところが、二〇一五年の国家安全保障戦略では、「市民の生活の質の向上」を保障する事項として、「食糧安全保障を守ること」や、「快適な生活、高品質で安全な商品・サービス、最新の教育や保健、スポーツ施設を入手できること、高い公立の就業場所の創出」など、さまざまな内容が書き込まれているのだが、「個人の安全保障を守ること」という項目は削除されている。プーチンはもはやロシア国民に対してさえ、その安全保障を軽視する姿勢を鮮明にしたと言えなくもない。ゆえに、外国人の人権などまったく無視する姿勢をいまのプーチン政権がとってもまったくおかしくない状況にあると考えられる。それほど、恐ろしい状況にあるのだ。

新たな旅立ち

そういえば、二〇〇一年か二〇〇二年ころ、筆者のよく知る日本のロシア経済研究の大御所がロシアの訪問中にFSBの急襲を受けて連れ去れたという「噂話」を風の便りに聞いたことを思い出した。おそらく筆者だけでなく、複数の日本人がFSBの手に落ち、無理難題を迫られるという経験をしたことがあるのだろう。この被害者がどんな目にあったかを筆者は知らないが、本書を書かなければ、さらに被害者が増えるのは確実であろう。それにしても、ロシアという国家の暗部は深い（ロシアの核関連のエージェントを露骨にやっている「スパイ」とおぼしき日本人（T・A）もいるのだが、あえて名前は書かないでおこう）。

筆者はといえば、もう今年六〇歳になるから、そろそろロシアに出向くのはしんどいのでロシア研究の重心を別の分野に移すことを考えていた。二〇一五年に「サイバー空間と国家主権」という論文を学術誌『境界研究』に書いて以降、『サイバー空間の平和学』（仮題）を最後の学術書にしようという計画をたてている。六月に『官僚の世界史：腐敗の構造』を上梓することも決まっている。これは、世界史的視点にたって、腐敗問題を理論的に考察している意欲作だ。二〇一六年夏には、ポプラ社から『正しい民意の伝え方：ロビイストと請願権――なぜ市民の声は届かないのか』（仮題）も刊行される。というわけで、ロシアときれいさっぱり縁を切ってもなんの差し障りもない状況にある。

第2章

ロシアという国家の現状

1　なにを取材したのか

ＦＳＢは筆者がロシアの軍事情報を入手しようとしていたことをスパイ活動と位置づけようと躍起となっていたのかもしれない。だが、これはまったくの誤解であり、大間違いである。筆者が今回の出張で調べたかった本当の内容は大きく言うと、三つある。第一は、実際のモスクワの様子を体感したかったということだ。ウクライナ危機後、欧米や日本などからの経済制裁にあえぐロシアの実情を知りたかったのである。二〇一三年末の水準に比べて対ドルでみたルーブルの価値が半分以下になってしまったロシア経済の状況もこの目で見てみたかった。ちょうど一年前の二〇一五年二月中旬にもモスクワに一週間滞在したが、そのときと比べてなにが違うかを見聞したかったというわけだ。インターネットを使えば、いまやロシアについてのかなりの情報が入手できる。だが、友人に会って、実情を尋ねなければ本当のロシアには近づけない。

第二は、プーチンが大統領就任後、石油会社ユコスの社長を追い落とし、同社を解体・売却する過程で問題になった元ユコス株主によって提訴された国際裁判について掘り起こすという目的であった。本当は、このために出張に出かけたと言えるほど、今回の出張の最大の眼目はここにある。第三は、シリア空爆を行っているロシアの軍事情勢について詳しく知りたいというものだ。

ここではまず、第一の目的を簡単に紹介し、節を改めて、国際裁判の話、さらにシリア空爆とロシアの軍事状況についてのべることにしよう。

メニューの改訂

二〇一六年も二〇一五年も、筆者は同じアパートに宿泊した。日本で言えば、ウィークリー・マンションといったものである。滞在した部屋は前回とは異なるが、エレベーターを五階で降りるとすぐの三二号室であった。広さは三〇平米くらいはあるだろうか。

このアパートの下には、カフェ・アカデミヤというなかなか居心地のいい喫茶店がある。実は、拉致された二月二〇日午前一一時に、この喫茶店でロシア科学アカデミーの東洋学研究所の幹部と面談する予定であった。筆者が取材するのではなく、今度は先方が話を聴きたいというのである。すでに記したように、二月一五日午前一一時から一時間ほどの間、新聞コメルサントの編集局幹部と取材した様子を盗撮した写真を見せられたのだが、その場所もこの喫茶店である。

つまり、筆者が愛用する場所なのだが、そこで気づいたのはメニューの改訂であった。明らかに品数が減っているのだ。この店では、主にイタリア風の料理が食べられる。だが、一年前とは様子が大きく異なっていた。たとえば、パスタの種類は以前は五、六種類あり、いずれを注文してもおいしく感じたが、今回、その種類は二つに減らされていた。驚いたことにマルゲリータさえメニューから消えていた。なにやら野菜ののったパスタと、鶏肉の入ったパスタの二種類をいずれも食してみたが、以前のものより味が明らかに落ちていた。どうやら輸入食材が入手困難になり、メニューを大幅に変更せざるをえなくなったようだ。ピザについても同じで、二種類にまで減らされていた。

もう一つ気づいたのはタクシーがようやく西側並みに利用できるようになったということだ。以前は街中でタクシーを呼び止めようと道路端にたっていると、頻繁に普通の自動車が止まり、白タクとして乗せてくれるということがあったが、今回、何度かタクシーを止めようとしても白タクが近づいてくることはなかった。主として黄色で塗られた、一目でタクシーとわかる車が街中を走り抜けているし、電話すれば一五分ほどで来てくれる。

筆者は朝日新聞モスクワ特派員として、一九九六年四月、いまの上海協力機構の前身、上海ファイブを取材するため北京と上海にモスクワから出張したことがある。そのとき、北京で同僚の北京特派員と痛飲し、記者団が乗る上海への航空機に乗れなかったことがある。仕方ないからホテルで航空券を入手し、自分で北京の空港へ出向き、上海到着後、その空港から記者団が宿泊するホテルまで行った。このとき、北京でも上海でもタクシーは列をなして客を待っており、白タク主流のモスクワとの違いを痛感した。というわけで、モスクワもやっと二〇年遅れで中国並みのタクシー事情になったように思われる。

2　ロシア政府の苦境

つぎに、筆者がもっとも知りたかった問題について語ろう。いわば、出張報告のつもりで記述したい。

ロシア語で書かれた質問書はFSBによって押収されてしまったが、パソコンにはそっくりそれと同じものが残されている。ロシア人の二人の専門家に同じ質問を予定していた。それは、つぎのような内容である。

「五〇億ドルもの支払いを命じたハーグ仲裁裁判所の判決と、ユコスの前株主への一八億六六〇〇万ユーロの補償金支払いを命じた欧州人権裁判所の決定との間の重要な相違点について説明してほしい」

ロシアについてあまり知らない読者にはなんのことか、まったく理解できないのではないか。ロシアの事情に詳しい専門家には筆者の質問がいかに重要であるかをわかってもらえると思う。

ロシア政府の苦難

説明しよう。まず、二〇一四年七月、オランダのハーグにある国際裁判所である「常設仲裁裁判所」がロシアの石油会社ユコス（国営石油会社ロスネフチの前身）の元株主に対して賠償金五〇〇億ドルという、とてつもない金額を支払うようロシア政府に命じる裁定を出していたことが明らかになった。ついで、同月、欧州人権裁判所は脱税事件の不公正な手続きへの賠償としてユコスの前の株主に一八・六億ユーロ（約二五億ドル）を支払うよう判決を下した。もし本当にこれらの賠償に応じることになれば、大変な損失になり、それはプーチンにとっても大打撃となる。だからこそ、この二つの裁判結果について、その成り行きを知りたかったのである。

そこでまず、前者について説明したい。この裁定は七月一八日に出されていたから、この日に起きたマレーシア機撃墜事件の意趣返しではない。ただ、ロシア政府にとって大きな打撃であることは間違いない。

訴えていたのは、ユコス株の合計七〇・五％を所有していた三者（Hulley Enterprise, Yukos Universal, Vetran Petroleum）だ。プーチン大統領はユコス社長のハダルコフスキー（ホドルコフスキーとすると、発音から乖離する）と対立、彼を脱税などの容疑で逮捕・起訴する一方、同社の脱税滞納分を納入させるため、二〇〇四年、同社子会社のユガンスクネフチガスを売却した（この際、同社をオークションで一七・七億ルーブル）という市場価値の半部以下の価格で落札したのはバイカルフィナンスグループという資本金一万ルーブルにすぎないペーパーカンパニーで、オークションの三日後に同グループを買収したのがロスネフチであった。もちろん、裏で糸を引いていたのはプーチンであると思われる。

ロスネフチは国営の石油会社であり、オークションの裏で、政府がユコスの資産をねらっていたのではないかとみられている。それが響いて、ユコスは二〇〇六年に倒産認定を受ける。この結果、大きな損害を受けたとして上記三者がロシア政府に賠償を求めていたのである。

裁判所はロシア政府が一九九四年に署名しながら、現在でも批准していないエネルギー憲章条約第一三条に違反していたとして、賠償を認める判断を示した。同条では、締約国の投資家の他の締約国の地域における投資財産は国有化、収用、ないしこれらと同等の措置の対象としてはならないとされているのに、事実上、ロシア政府はユコスを破産させてその資産を取得するために一連の措置を行ったとみなしたのである。だが、署名しただけで、批准していない国がエネルギー憲章条約の制約を受けるかどうかは疑問である。二〇一六年二月九日、ハーグの地方裁判所でこの判断に対する不平申し立てが審議されはじめたが、手続きだけが検査されるだけで裁定内容は変わらないとみられている。

今回の取材でわかったのは、この賠償金支払いを履行しなくてもロシア国内ではなにも変わらないとみなされていることだ。賠償金支払いを履行させる権限を仲裁裁判所はもっていない。ただ、海外にあるロシア資産から賠償金を支払わせることはできる。ユコスの元株主たちは裁定結果を得て、ロシア以外の国でロシア資産の差し押さえ・売却によって賠償金の一部に充てることを目論んでいるわけだ。実際に、フランスとベルギーでは各国の裁判所の判断に基づいてロシアの一部の資産が差し押さえられる事態に発展している。米国の地区裁判所でも審理入りを決めるための意見陳述が二〇一五年末に行われた。

つぎに、欧州人権裁判所の判決について説明しよう。ここでの判断は人権侵害があったかどうかだけを審理するもので、そのうえで人権侵害に対する損害賠償を決めている。実は、一九九〇年代に欧州人権裁判所はギリシャの石油化学産業の民営化を審議したことがある。ギリシャの政権交代で、欧州人権裁判所の判決が実現し、権威を守ったという出来事があった。このモデルと同じと考えればいい。つまり、判決が出てもそれが実際に実現するには相当に時間がかかる。現に、ロシア政府は二〇一六年の予算案を策定するに際して、賠償金の支払いを予算計上しないことを二〇一五年一二月に決めた。一説には、支払いまで五〇年はかかるという見方もある。もしロシアの政権が転覆すれば、ギリシャのように新ロシア政権によって判決が執行されることもありうるというわけだ。

プーチンとガスプロム

裁判関連でもう一つ重要なのは、ウクライナ国営のナフトガスとガスプロムがスウェーデンのストックホルム仲裁裁判所で係争している判決が数カ月以内に出るとの観測があることである。わかりやすく説明してみよう。まず、ガスプロムという会社について簡単に解説しなければならない。この会社はプーチンの政治力の源泉ともなっている国営企業である。政府が株式の過半数を所有しているから、ガスプロムの経営は事実上、政府の方針にしたがってコントロールされうる。プーチンはガスプロムの社長（重役会議長）にアレクセイ・ミレルを送り込み、彼を通じてガスプロムを牛耳っている。ミレルは、プーチンがサンクトペテルブルク副市長時代に主導した対外関係委員会においてプーチンの副官を一九九一～九六年まで務めていた。プーチンがモスクワに去った後もサンクトペテルブルクに残ったミレルはその港湾開発に従事し、やがてバルト・パイプライン・システムという石油パイプライン（ＰＬ）会社の社長となる。プーチンが大統領に就任すると、ミレルはエネルギー省次官としてモスクワに呼ばれた。二〇〇〇年七月のことだ。その後、二〇〇一年四月、ミレルはガスプロムの社長に選任された。もちろん、プーチンの後ろ盾の賜物である。

この後、ガスプロムの内部でどんな権力闘争が繰り広げられたかは拙著『ロシア資源産業の「内部」』に詳しい。ここでは、プーチンがミレルを使ってガスプロム内部をまとめ上げ、選挙資金の源泉としたり、マスメディア対策に使ったり、あるいはガスＰＬの敷設を外交カードに利用したりしてきたとだけ指摘しておきたい。

ガスプロムとナフトガスとの係争はこれまで二〇一七年に判決がくだるとみられていた。この裁判で、ガスプロムは二〇一三年末と二〇一四年の五カ月間に供給された一一五億立方メートルに対する未払い分四五億ドルと八億ドルの合計五三億ドルと、二〇一二～一三年にウクライナ側が購入義務がありながら受け取らなかったガス代金として一八五億ドルの支払い（いわゆる take or pay 原則の履行）を求めている。他方で、ナフトガスは二〇一〇～一四年のガス通行料として一〇〇億ドル強およびガス供給契約上、約六〇億ドルの支払いを求めるもので、合計一六〇億ドルもの支払いをガスプロムに要求している。いずれにしても、ガスプロムとナフトガスとのガス供給契約の有効性が問われている。係争金額が大きいだけに、ガスプロムにとってもプーチンにとってもきわめて重要な裁判なわけだ。

3　シリア空爆とロシアの軍事状況

つぎに、ロシアの軍事評論家パーヴェル・フェルゲンガウエルから教えてもらった興味深い話を紹介しよう。二月一九日午後七時から、食事をとりながら聴いたものである。この軍事評論家からは昔、とてもおもしろい話を打ち明けられたことがある。それは、ミヘイル・サーカシヴィリがジョージア（グルジアと当時は呼ばれていた）大統領だったとき、彼はよくプーチンを「リリプーチン」と呼んでからかっていたというのだ。ロシア語で「リリプート」は小人を意味しており、これに「プーチン」の名前をかけて、「プーチンの小人野郎」といった具合に使っていたという。サーカシヴィリは身長二メートルに達するような大男だから、プーチンをこう呼んで小バカにしていたのも頷ける。これを知ったプーチンは激怒し、爾来、二人の関係は急速に悪化した。サーカシヴィリから直接教えてもらった話だろうだから、本当のことだろう。

こんな話をしてくれる彼は、「シリア空爆で古い爆弾を使用しているのは本当か」という筆者の最初の質問に丁寧に答えてくれた。

冷戦時代からの予備として蓄えられてきた爆弾が使用されているのは事実だという。「爆弾にも耐用年数があるはずだが、その年数をすぎたものを廃棄する代わりに爆弾として使っているのか」という質問には明確な返事はなかった。筆者は各種爆弾の耐用年数は知らない。ロシアとしては、どうせ廃棄しなければならない爆弾であれば、実践使用すれば一石二鳥ということなのだろう。シリア空爆にかかるロシア政府の費用額を気にかけていた筆者にとって、この古い爆弾の投下という話は目から鱗の驚きであった。

ただし、古い爆弾であっても、風速などを計算すればかなり正確に着弾させることは可能であるという。ロシア軍としては、ロシア版衛星測位システムであるGLONASSを使って爆弾を誘導して命中させる攻撃を実践したいのだが、こうした巡航ミサイルシステムをロシア側は実験できずにいるという。

もう一つためになったのはクラスター爆弾の使用についてである。彼によれば、「クラスター爆弾」は本来、爆弾をたくさん詰め込んだ爆弾を意味しており、焼夷弾という焼き殺すための爆弾が入れられていたのだという。日本人の多くはクラスター爆弾といえば、細かい破片が飛び散る非人道兵器と思う者が多いだろうが、ロシアがシリアで使っているのは主に焼夷弾を詰め込んだクラスター爆弾であると聞かされた。地下に防空壕をつくっているケースが多いから、これを攻撃するためにクラスター爆弾を使用しているのだと説明してくれた。「シリアでは、きわめて効果がある」と、彼は冷徹に解説した。

「新露土戦争」勃発の可能性

もう一つ興味深く思ったのは、この軍事専門家がきわめて悲観的な見通しをもっていたことである。「シリア問題を真に解決するためには、クルド人の独立国家を国際法上認めることが必要ではないか」と尋ねてみると、「今週、モスクワにシリアのクルド人代表部が設置された」という話題から答えはじめた。ロシアはクルド人を守ることを約束したのであるという。ソ連時代、ソ連は西イランにクルド人国家を設立する動きを支援したことがあったが、失敗した。現段階で、ロシア政府がそこまで肩入れする気があるかは不明だが、クルド人問題がシリア、イラク、トルコ、イラン、ロシア、サウジアラビアをめぐる中東の混沌の解決を阻んでいるのはたしかであると思われる。

彼によれば、「新露土戦争」勃発の可能性は五〇%であり、これが核戦争の可能性につながっているのだという。問題の核心は図1に示したシリア北部のクルド人地域を分断している回廊（コリドール）部分にある。緑部分（Kurds）が赤部分（Islamic State）によって寸断されていることがわかる（実際の図はカラー）。これが意味しているのは、この回廊を使って、これまでトルコ政府がイスラーム国（ＩＳ）を支援してきたことである。にもかかわらず、トルコのレジェップ・エルドアン大統領は第一の「敵」をトルコ領内のクルド人として、ＰＫＫ（クルディスタン労働者党）関係者を弾圧しながら、国内をＩＳの義勇兵が秘密裡に行き来して物資が往来することに見

図1　シリア情勢

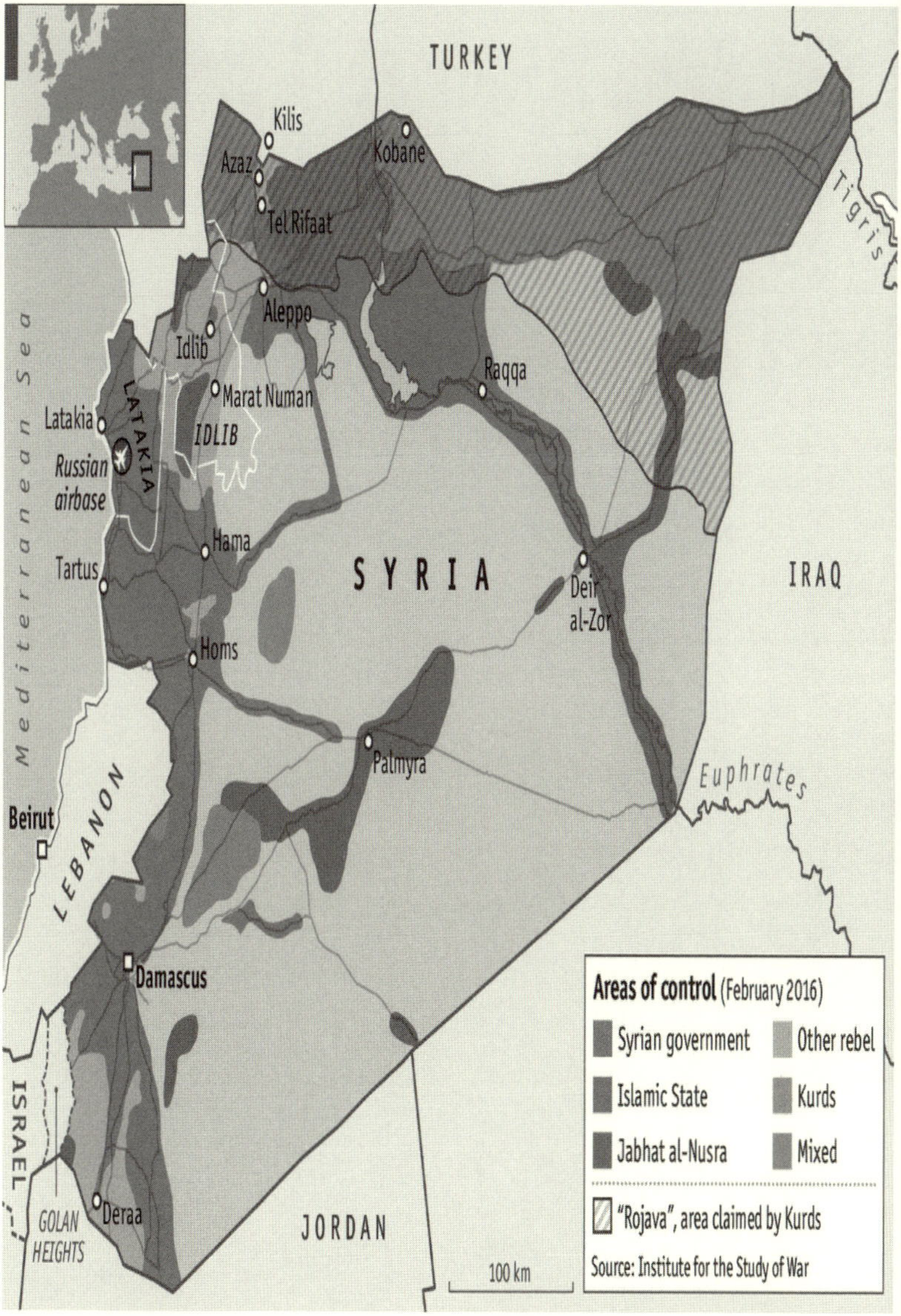

（出所） *The Economist*, Feb. 20th , 2016.

て見ぬふりをしてきた。その物資のなかに、ISの石油・石油製品が含まれている可能性がある（この問題はつぎの項で論じる）。トルコはISとの一定の距離を保ちつつ、ISの力をクルド人叩きに利用しようとしてきたのである。

だが、トルコは米国主導による反IS作戦に同調せざるをえなくなり、その代わりに国内のクルド人への弾圧を米国に黙認してもらい、それによって二〇一五年六月の総選挙で与党、公正発展党の勝利が可能となった。これは、シリアのクルド人（クルド民主同盟党PYDとその軍事組織YPG）との交戦を意味している。したがって、トルコは北シリアとトルコとの国境沿いを支配下におくクルド人がこの回廊を塞ぐことを怖れている。加えて、その勢力が西側の地中海に達することをもっとも警戒している。

話をさらに複雑にしているのは、トルコのアレクサンドレッタ地方（ハタイ県）と接するシリアの要衝にトルコ人の兄弟民族であるトルクメン人が数多く住んでいることだ。ここにはクルド人とトルクメン人との間の民族対立がある。

だからこそ、トルコはトルコ国防軍をシリア国境に配備し、シリアのクルド人を砲撃する行動に出たのだ。ただし、複雑なのは、トルコは北イラクにあるクルド地域政府（KPG）とはその首都エルビル（アルビール）に総領事館を開設するなどして一定の外交関係を維持していることだ。トルコはKPGで採掘される原油の輸出ルートを提供することで、恩を売り、イラクのシーア派中央政権を威嚇している。シーア派のイランからみると、KPGの独立はイラン西部のクルド人を刺激するから好ましくないということになる。こうした複雑な事情から、クルド人だけの独立国家構想は実現が難しい。

二〇一六年一月からジュネーブでのシリア和平協議がスタートした。早期に停戦し、和平を実現させようとしているが、前述したような状況では真の平和がこの地に訪れるのは困難と指摘しなければならない。

ISの石油密売

ここで、ISの石油密売について簡単にふれておきたい。プーチンはトルコによるロシアの戦闘機Su‐24の撃墜がロシアによる石油関連施設や石油運搬車への空爆に対する意趣返しであると考えている。興味深いのは二〇一五年一一月二日、ロシア国防省のアントノフ次官（外務省出身の能吏：筆者の実際に会った印象）や参謀本部のルッコイ副議長（中将）らが記者会見を開き、ISによる石油輸送ルートを三つに特定した点である。①西ルート（地中海岸のトルコの港へ）、②北ルート（シリア国境から一〇〇キロほどのトルコ領内のバトマン製油所へ）、③東ルート（シリア北部とイラク北西部の石油鉱区からイラクへ）――というのがそれである。他方で、ロシアは同年九月末からの二カ月間の空爆により、一一の製油所、三二の石油加工コンプレクス、二三の石油くみ上げステーションを破壊したという。この結果、不法に採掘された石油による所得は一日あたり三〇〇万ドルから一五〇万ドルに半減したはずだと主張している。

これに対して、エルドアンはロシアこそＩＳと取引をしているとして、ジョージ・ハスワニというシリアのビジネスマンでロシア国籍をもつ人物を名指しで非難した。彼は一一月二五日、米財務省外国資産コントロール局が課した制裁リスト（四人と六組織）のなかに収載されている。米国からみると、市民に暴力を継続しているアサド政権を支援するものは制裁に値するというわけだ。その資産は凍結され、米国人によるそれらとの取引が禁止される。財務省のサイトによると、ハスワニは彼による所有ないし支配のための会社（HESCO Engineering and Construction Company）およびシリア政府のために活動しており、シリア政権によるＩＳからの石油購入の仲介役を果たしている。加えて、ＨＥＳＣＯはＩＳが支配する場所と伝えられているシリア領内でエネルギー生産施設を運営している。なお、欧州連合（ＥＵ）は二〇一五年三月の段階で彼を制裁対象としていた。

二〇一五年一〇月一六日付のフィナンシャル・タイムズ紙によれば、シリア政府とＩＳとの間には協定があり、たとえばガス発電所で生産される電気は双方が分け合っているという。この発電所を部分的に経営しているのがＨＥＳＣＯだ。ＨＥＳＣＯは数百万ドルの価値をもつ設備を攻撃から守るために毎日、ＩＳに一五〇〇万シリアリラ（約一万五〇〇〇ドル）を支払っているという。ただし、ＨＥＳＣＯ側はこれを否定している。

注目されるのは、ハスワニがシリアとロシアとの仲介者と呼ばれている点である。ＨＥＳＣＯはシリア、アルジェリア、スーダン、ヨルダン、アラブ首長国連邦での石油やガスのパイプライン建設に関する一〇のプロジェクトに一九九七年から請負業者として参加しており、うち九プロジェクトの総請負業者となったのは、プーチンの友人で「黒い関係」が噂されているゲンナジ・ティムチェンコ（第3章で詳しく解説する）の支配する「ストロイトランスガス」と、国家コーポレーション・ロステック（Rostec）傘下の「チャジプロムエクスポルト」であった。別の情報では、二〇一二年三月にストロイトランスガスはシリアで三一〇キロのアラブ・ガスパイプライン（PL）およびガス加工工場を完成させた。前記のスーダンやアルジェリアなどでのプロジェクトにもストロイトランスガスが共同参画している。シリア国内では、Syrian Gas Company（SGC）の発注でHESCOとストロイトランスガスはガス鉱区開発を行うプロジェクトに従事している。シリアの北・中部トゥヴィナンでのガス工場の建設がメインの対象で、ISに同地が占領されるまでにすでに七億ドルが使われていたためにSGCは作業継続を決めた。二〇一四年九月には、第一段階の作業が終了し、ガス採掘も開始された。この作業を認める代わりに、ISは支配するアレッポにある発電所にガスを送付するように要求した。さらに、正体不明の第三者の仲介のもとで、シリア政府とISはガスの取り分の分割で協定を締結したとみられている。

どうやらシリア政府に近い人物がISと石油だけでなくガスをめぐっても取引関係にある可能性が高いようだ。だからといって、ロシアが主張するISとトルコとの闇取引がないとは言えない。有名なロシアの女性ジャーナリスト、ユーリヤ・ラティニナは、黒海に面したロシアの港、ノヴォロッシースクからトルコへのガスコンデンセートや石油製品の積出量がこの半年間で五〇

～七〇％も減少しているのに、トルコにエネルギー危機が生じていないのはこの不足分を別の安価なところから補充しているからにほかならないと主張、トルコもまたＩＳとの取引があるとみている。彼女は反プーチンの熱血漢だが、ＩＳとの取引ではトルコ側にも闇の部分があることを見過ごしてはいない。

そこに登場するのがエルドアンの息子、ビラルである。彼は海運会社 BMZ Group 社長を務めている。同社はアゼルバイジャンなどの石油をタンカーで欧州に輸送している。株主のなかには、ビラル以外にも二人の家族メンバー（ムスタフ・エルドアンとビヤ・イリゲン）が含まれている。もちろん、父であるエルドアンの後押しの結果である。BMZ Group は二〇一五年九月、三六〇〇万ドルで二隻のタンカーを購入し、自前のタンカーの数を五隻まで増加させた。石油を買い付けているのはトルコのジェイハンとレバノンのベイルートであると言われており、その石油のもとの採掘場所が気になる。しかも、エルドアンは女婿のアルバイラクをエネルギー相に任命しており、国内のエネルギー政策を利用して「エルドアン・ファミリー」の私腹を肥やせる体制を構築している。アルバイラクは「チャリク・ホールディング」という、エネルギー分野や金融、さらにメディア関連分野までを扱う会社グループを主導してきたから、エネルギー相就任により、なお一層、政府の政策を私企業の利益に結びつけることが容易にできる。

二〇一五年四月一〇日付でまとめられた米議会向け報告書（Islamic State Financing and U.S. Policy Approaches）によると、「トルコ国境地域も違法なイラクの石油販売のための「暗渠」となっている」と指摘している。その石油はISやクルド人によってもたらされたものだ。さらに、シリア国内の油田や製油所も支配下においたISは原油や石油製品を輸出するためにトラックでトルコ国境まで運び、石油のブローカーやトレーダーが買っているとも記されている。シリア政府は石油が盗まれた密輸品であるとしているため、その値段は買いたたかれており、世界の原油指標が一バレル約一〇七ドルのとき、トルコ国境での原油価格は一八ドル弱であったという。

シンクタンクのHISが二〇一五年一二月に公表した報告書によれば、最近のISの月ベースの収入や八〇〇〇万ドル程度で、そのうちの半分は税金や資産没収によるもので、四三％が石油関連収入だ。最近になって、トルコ当局によるシリア国境沿いでの密輸防止努力などにより、ISは次第にシリアおよびイラクの国内市場での販売に依存せざるをえなくなっているという。

蠢く思惑

ここまでの記述からわかるように、ISをめぐる各国の取引の実態はどうもよくわからない。トルコや米国の主張も、あるいは、ロシアの見解も正確ではあるまい。おそらくISと取引しているのは、トルコやシリアの政府関係者であったり、シリアで戦う反政府勢力やクルド人であったりするのであろう。ここでは、紛争地域に蠢くエネルギーに絡む複雑な思惑をもう少し詳しく分析してみたい。

まず政治面から、トルコの思惑からみてみよう。トルコは最近まで、「隣国との問題ゼロ」外交をつづけてきた。だが、この戦略は周辺国の変化で転換を余儀なくされる。とくに、二〇一〇年末以降、チュニジアから始まった、欧米ジャーナリズムが勝手に「アラブの春」と名づけた「アラブの春」によって、トルコを取り巻く環境は大きく変わってしまった。エルドアンが支援したエジプトのムスリム同胞団とムルシ大統領を打倒した軍部勢力中心のシシ大統領との関係悪化、二〇一一年にはじまるシリア内戦後のアサド政権との対立、パレスチナのハマス支援に批判的なイスラエルのネタニヤフ政権との断絶などから、エジプト、シリア、イスラエルに加えて、リビアやイエメンとの関係も悪化してしまう。その結果、トルコと比較的強い結びつきをいまでも保持しているのはカタールやアゼルバイジャンくらいになっている。

「隣国との問題ゼロ」外交当時、エルドアンはもっとも重大な「敵」クルド人の「敵」、ISに対して協力的であった面がある。だがISの脅威が増大するなかで、クルド人への欧米による支援が本格化、二〇一五年七月、トルコ政府は米英軍のIS攻撃のためのインジルリク基地の利用を承認するに至る。ISとの戦闘に肩入れする代わりに、国内におけるクルディスタン労働者党(PKK)との対決・闘争を欧米に大目にみてもらうねらいがあった。他方、トルコによるロシアのSu-24撃墜後、ロシアは新型防空ミサイル・コンプレクスのS四〇〇を友好国シリアのラタキア基地に配備し、その前の世代のS三〇〇に基づく防空ミサイル・コンプレクス「フォルト」をもつ巡洋艦モスクワをシリア海岸に配置したことで、トルコはシリア領空をまったく飛行できなくなったとされる。米英仏などによるシリアへの空爆に際しても、ロシアとの協議なしには実施できない状況が生まれたことになる。ロシアは事実上、シリア領空だけでなく、その周辺諸国の制空権の一部を握ったことになる。

エネルギー面では、「隣国との問題ゼロ」外交のもとで、トルコ政府はロシア産石油・ガスの欧州向け輸出ルートやアゼルバイジャンやトルクメニスタンの石油・ガスの輸出ルートとしてトルコをハブ化することで、その政治経済的な影響力を確保しようとしてきた。そればかりか、トルコはカタールからガスＰＬをサウジアラビア、ヨルダン、シリアを経由してトルコに敷設し、欧州に輸出する計画を二〇〇九年から推進するようになる。これは対ロガス輸入依存を減らしたい欧州の希望に沿うものであったが、逆に、ロシアとの友好関係からアサド政権はこの計画を拒絶した。他方、イランのサウス・パース鉱区からイラク・シリア経由でトルコまでガスＰＬを敷く計画も浮上した。二〇一一年六月、イラン、イラク、シリアの三カ国はＰＬ建設議定書に署名したが、その後のシリア情勢の悪化で計画は頓挫している。他方、トルコはイランの影響力の増大懸念から、同ＰＬに反対の姿勢を示してきた。もう一つ忘れてならないのは、レバノン、シリア、イスラエル、キプロス、エジプトにかかわる地中海の海底にガス埋蔵量三・五兆㎥、原油埋蔵量一七〜二〇億バレルと見積もられる資源が発見されたことである。つまり、シリアの今後は欧州への輸出ルートをめぐって地政学上、その重要性を増しているのだ。

興味深いのは、二〇一五年六月のトルコの総選挙後、エルドアンが友好国であるアゼルバイジャンとカタールを訪問後、一二月になってトルクメニスタンを訪問したことである。これらの国はいずれも産ガス国であり、ロシアからのガス供給に依存してきたトルコにとって、対ロ依存を低下させるためにこうした外交活動は重要な意味をもつ。ロシアの国営会社ガスプロムは二〇一四年、トルコに二七三億㎥ものガスを輸出したが、これはアゼルバイジャンの輸出量五三億㎥の五倍以上にのぼる。ただ、ここで二〇一二年六月、トルコ首相とアゼルバイジャン大統領の出席のもとで、Trans Anatolian Natural Gas Pipeline（ＴＡＮＡＰ）建設契約が締結されたことを思い出す必要がある（詳しくは拙著『ウクライナ・ゲート』を参照）。同プロジェクトの持ち分八〇％はアゼルバイジャンの国営石油会社Socar、一五％はBotas、五％はトルコ国営石油会社（ＴＰＡＯ）が保有することになった。輸送能力は当初、年間一六〇億㎥（トルコ向け六〇億㎥、欧州向け一〇〇億㎥）、投資規模は六〇億ドルだった。

これに対して、ロシアとの間では、二〇一五年一月二七日、ガスプロムのアレクセイ・ミレル社長とトルコのタネル・ユルドゥズエネルギー天然資源相は「サウスストリーム」に代わる「トルコストリーム」というガスＰＬを建設する期間やルートについて合意した（詳しくは拙著『ウクライナ2・0』を参照）。サウスストリームのルート約六六〇キロをそのまま使い、約二五〇キロはブルガリアではなくトルコに着くための新ルートとする。陸上部については、トルコからギリシャ国境まで約二五〇キロのＰＬを建設する。四本（各一五七・五億㎥）のＰＬによる輸送量は年六三〇億㎥で、トルコ向けに約一六〇億㎥、ギリシャ国境まで約四七〇億㎥が向けられる計画で、陸上部はガスプロムとトルコのBotasが共同で建設する。だが、同年六月一三日のプーチン・エルドアン会談で合意されたのは一本のPL敷設だけであった。つまり、トルコ向けの一本だけの建設が合意され、欧入向けのガス供給ルートとしては使えない状況に陥ってしまったことになる。このため、六月一八日には、ガスプロム、ドイツのE．ON、オーストリアのOMV、メジャーのShellはバルト海の海底に「ノルドストリーム2」を共同建設する議定書に署名した。総輸送能力は年五五〇億m^3で、トルコストリームに代わる代替計画が推進されることとなった（八月にはフランスのEngieも参加表明）。

エルドアンのトルクメニスタン訪問はロシアからのガス輸入が難しくなった場合に備えて、トルクメニスタン産ガスを確保するねらいがあったとみられている。おそらくカスピ海海底をアゼルバイジャンまでPLを建設し、既存PLや新設のTANAPでトルコに輸送する計画が話し合われただろう。中国への輸出が急増するトルクメニスタンにとって、中国以外への輸出はリスク回避につながる。ただ、トルクメニスタンは「トルクメニスタン―アフガニスタン―パキスタン―インド」の頭文字をとってTAPIというガスPL構想を提唱しているから、もう長年、構想にとどまっているカスピ海ルートが急展開する可能性は少ない。もちろん、ロシアによる妨害工作も本格化するだろう。

エネルギー面でもう一つ重要なのは原発をめぐる動向である。ロシア国営のロスアトムは二〇一〇年、出力一・二ギガワット級の原子炉四基をトルコのアックユに輸出する契約を結び、第一号炉は二〇二二年に稼働する計画を進めてきた。二二〇億ドルにのぼる巨大プロジェクトであり、ロシア政府は直接、予算支援をしてきた。だが、二〇一六年のロシア連邦予算案には、同プロジェクト向けの補助金が見込まれておらず、今後、この計画に暗雲がたちこめている。ロシアは中東に原発攻勢をかけており、二〇一五年三月にはヨルダン初の原発建設の包括協定が締結された。原子炉二基で約一〇〇億ドルの計画だ。一一月には、プーチンとエジプトのシシ大統領との間で地中海に面したダバアにトルコと同じ発電規模の原子炉四基を建設する合意文書が署名された。サウジアラビアもロシアを含む五カ国との間で、二〇三二年までに一六基の原子炉を建設する協定をすでに結んでいる。アラブ首長国連邦でも韓国企業による原子炉建設が紆余曲折を経ながら進んでいる。

こうした状況下で、トルコでの原発建設が頓挫するような事態になれば、ロシアにとって大打撃になる。トルコとしても代替先が簡単に見つかれば痛手は大きくならずにすむが、計画が遅れれば、電力源としてのガス依存からイランとの関係改善を迫られることになるかもしれない。

このように、ＩＳ問題はエネルギー資源からみると、宗教対立とは別の論点を喚起する。こうした視点を忘れずに分析しなければ、ＩＳ問題の本質には近づけないはずだ。

フェルゲンガウエルの大胆予測

フェルゲンガウエルの大胆予測に話を戻そう。彼によれば、前述した回廊部分をどうするかが最大の問題だ。トルコは反クルド、反ＩＳに向けた舵を切った以上、この回廊を維持してＩＳにトルコとの通路を確保してやる必要はなくなった。トルコはこの回廊をわがものとして、クルド討伐を本格化することをねらっているのだ。これに対して、ロシアは回廊を遮断してトルコとISとの通行を禁止し、トルクメン人へのトルコの影響力を削ぎながら、シリア国内の反アサド派を潰そうとしている。この際、クルド人との協力だけでなく、イランの革命防衛隊員や西部のクルド人、イランの影響力下にあるレバノン、イラク、アフガニスタンからの「義勇兵」という形でシリアのアサド政権を支援する態勢が整えられている。とくにイラン影響下の兵員の働きはある程度成功しており、今後、ヨルダン国境地帯に彼らを移動させて戦線を拡大する計画もある。

ジュネーブでのシリア和平協議では、参加者全員が軍事的勝利を追求しており、たとえ停戦できたとしてもそれが長続きする保証はまったくない。米国がリーダーシップを発揮しないかぎり解決はむずかしいと、フェルゲンガウエルはみている。一九七三年にシリアとエジプトの部隊がイスラエルを攻撃して中東危機が勃発、イスラエルは米国、エジプトはソ連に支援を求め、米ロに緊張感が高まった。このときヘンリー・キッシンジャーは頻繁に中東を訪問し、「シャトル外交」という言葉まで生まれ、和平に成功した。同じような外交をベトナム戦争に従軍したことを誇りにしているような、単細胞で自信家のジョン・ケリー国務長官が担えるはずもない。しかも、オバマはすでにレイムダック化しつつある。

こうしたなかで、トルコが本格的に回廊を抑えにかかるとき、緊張が一挙に高まるだろう。すでにシリア国境に兵を配備し、国境越しに砲弾を浴びせているが、陸上戦になれば、それにはトルコ空軍の支援が必要になる。これに対して、ロシアはすでにシリアのラタキア基地に前記の巡洋艦モスクワを配備したことでS三〇〇を使ってトルコ空軍の攻撃を撃破する。そうなると、トルコの潜水艦やフリゲート艦が攻撃に出る可能性がある。すでに、プーチンは二〇一五年一二月、こうした事態を想定した議論を行った。カスピ海の軍艦から巡航ミサイルを発射し、シリア空爆に成功しているが、この巡航ミサイルに核弾頭を搭載できるとプーチンは発言している。

「新露土戦争」が勃発すれば、サウジアラビアが黙ってはいまい。二〇一六年一月二日、著名なイスラーム教シーア派指導者アーヤトッラー・ニムル・バクル・ニムルを含む四六人を処刑したサウジアラビアのサルマーン国王はその直前の二〇一五年一二月末、エルドアン大統領との間で戦略的パートナーシップにかんする合意に達していた。シーア派の拡大を抑止するためにサウジアラビアはその長年の「敵」であるイランが支援するシリア政府の「敵」であるトルコ側にたってことを起こすだろう。ナゴルノ・カラバフ紛争（トルコはアゼルバイジャンに近く、ロシアはアルメニアに近い）に飛び火するような事態になれば、戦火はさらに拡大するだろう。NATOの一員であるトルコがロシアと戦闘状態に入れば、NATOも集団的自衛権を行使する可能性が出てくる。こうして「第三次世界大戦」に巻き込まれていく可能性がある。

これがフェルゲンガウエルの見立てであった。彼の構想は決して荒唐無稽な妄想ではない。二〇一六年二月、日本でも山内昌之によって『中東複合危機から第三次世界大戦へ』という本が刊行された。事態は相当、緊迫しているのである。だからこそ、ロシアのFSBも外国人がロシアで軍事情報を収集することに神経質になっているのかもしれない。それにしても、筆者のような者を締め上げてみても得るところはなにもないはずだ。ここで記した程度の情報が国家機密とでも言うのだろうか。

4　治安維持機関としてのFSB

つぎに、「敵」を知らなければならないとの観点から、そもそも筆者を拉致したFSBとはどんな機関かについて解説したい。それを理解するためには、その前身である国家保安委員会（KGB）について知らなければならない。といっても、このKGBについては拙著『「軍事大国」ロシアの虚実』や『ネオKGB帝国』のなかで論じたことがある。そこで筆者の念頭にあったのは、ソ連が社会主義国家という従来の概念ではなく、ソ連はあくまで軍事国家であって、その軍事体制を戦争に向けた動員で維持するために、経済においては計画経済を実現するための五カ年計画を中核とする「動員経済」が張りめぐらされ、政治においてはKGBによる監視体制が構築されたというものだった。

二〇一三年秋の報道によると、本場ロシアの新しい歴史教科書から「社会主義革命」の表記が消え、「偉大なロシア革命」と表記されることになったという。ソ連時代、一九一七年の十月革命は「偉大な十月社会主義革命」と呼ばれていたが、一九九一年以降、「十月変革」となり、それが「偉大な革命」になるというわけだ。日本ではいまでも、ロシア革命を世界初の「社会主義革命」とみなして、その後、経済システムとしての社会主義の実践を強調する歴史観が根強く残っている。それは、社会主義を信奉するイデオロギーと密接にかかわっていると指摘せざるをえない。だが、ソ連崩壊後の研究が明らかにしたことは、ソ連が早くから軍事国家として存立し、五カ年計画も軍事産業の育成や軍事動員体制の構築と深くかかわっていたことである。つまり、ロシア革命を「社会主義革命」と安直にとらえるのではなく、第一次大戦やその後の軍拡競争のなかで位置づけ、ソ連という国家が「軍事国家」という面を強くもっていたことを明確しなければならない。

たとえば、二〇〇九年に『動員経済モデル：二〇世紀ロシアの試み』という五七一頁におよぶ大著が軍事都市チェリャービンスクにある出版社から刊行された。その巻頭論文であるV・セドフ著「動員経済：実践から理論へ」において、「ソヴィエト経済の本質はその動員的性格によって決定づけられていた」との指摘がある。ロシア革命一〇〇周年を前に、イデオロギーにとらわれないロシア革命の歴史的評価が望まれる。

こう考えている筆者は、KGBが軍や企業といった場所にまでしっかりとした監視体制を整備してきたことに注目している。KGB（かつて内部人民委員部などの名称をもっていた）は本来、ソ連共産党がその支配を磐石にするために、「階級の敵」というわけのわからない「敵」を想定して、それを取り締まるために、軍を含めて国内の人民・組織を監視・統制するために存在したのである。

ソ連は生産手段を国有化し、計画経済を運営しようとしてきたと一般に理解されている。だが、この理解はコインの「表」しか見ていない。日本を含む世界中の学者の多くはこうした皮相な理解にとどまっている。これはいわば、ソ連を形式化してとらえる机上の空論にすぎない。ソ連時代に存在した「シャドー・エコノミー」ないし「セカンド・エコノミー」に対する関心が低く、その結果、ＫＧＢのソ連社会への影響が過小評価されている。つまり、「表」しか分析していないのだ。換言すれば、ソ連を実体経済のレベルで理解していないから、ロシアの実体経済分析にもつながらないのだ。

コインの裏側には、「投機」（利得を求めてなされる財の購入と再販売）の禁止があった。資本主義ではあたりまえと考えられている、「安く仕入れて、高く売る」という行為が刑法犯として投獄の対象となっていたのだ。「投機」を行う者は見方を変えてみれば、「階級の敵」となりかねず、だからこそ、ＫＧＢの取締対象となった。ＫＧＢはこうして、社会主義を裏側から支えていたのである。決定的に重要なのは、商業活動が逮捕という権力行使と背中合わせになっていたという事実である。そう、ソ連を実体経済のレベルでみてみると、それは「不法・不当な逮捕の恒常化」を前提にしていたと理解しなければならない。

この社会主義を支えていたコインの裏側について、よく知っていると思われるのは、ソ連時代を生きてきた、ガイダール元ロシア首相代行だ。彼はつぎのように指摘している。

「集団農場の議長は穀物を配ったが、それはそうしなければ逮捕されるだろうということを議長が知っていたからだ。こうしたシステムは、言われたことをしなくても経済エージェントがたしかに投獄されないとわかる瞬間まで機能する。ロシアの政治システムが一九九一年八月のクーデターで崩壊したとき、最初の経済的結果は国家穀物調達が一週間以内に崩壊したことだった」

これこそ、社会主義制度の「裏」の本質であって、この投獄されない経済活動の保障こそ資本主義的制度の出発点となるべきものだ。この「投獄」は、GULAGと呼ばれる強制収容所での労働、とくにシベリア開発のための寒さとの闘いを意味していた。もちろん、それは「死」に通じる道であった。四〇年代や五〇年代には、GULAGが全工業生産高や工業雇用の一五―一八%に達していたというのだから、その規模がわかるだろう。一九二〇年代から五〇年代で、GULAG行きの犠牲者は二〇〇〇万人を上回り、一九五三年でも二四七万人、スターシン没後の一九五六年でも七八万人が収容所にいた。このGULAGにもKGBやKGBの前身が関係していたのだから、これらにもっと関心をもたなければ、ソ連の本質もその後のロシアも決して理解できないのだ。

「階級の敵」から「組織犯罪」へ

重大なことは、KGBが取り締まってきた「階級の敵」（プロレタリアート独裁のもとで資本家階級は敵とみなされた）がソ連崩壊で、いなくなってしまったことだった。だが、KGBの後継であるFSBは新たな取締対象を見つけた。それが「組織犯罪」だ。FSBは、自由化されたはずの商売をも取締対象にしはじめた。その名目として組織犯罪を使ったのだ。組織犯罪というわけのわからない犯罪はマフィア的な犯罪行為をさしているようだが、実態の不明確な犯罪を取り締まることこそ、FSBには好都合だったといえる。

組織犯罪を行う代表格がマフィアである。マフィアは警備という安全保障サービス供給に特化した会社の一群で、所有権を守る必要性が高まった時期に隆盛をみる。その意味で、一九世紀のシチリアと二〇世紀末のロシアがよく似ていたと考えられる。ソ連崩壊で社会秩序が不安定化したロシアでは、治安当局と安全保障ビジネスが結託してマフィア化する事態が引き起こされたのである。

この橋渡しを利用して権力の巨大なネットワークを構築したのがプーチンであると理解すればいい。第3章「プーチン」の正体で紹介するように、FSB出身のプーチンはマフィアを利用することに慣れていた。

いったん廃止の憂き目をみたKGBの職員のなかには、企業に安全保障担当として天下り、ビジネス界に地歩を築き上げる者が多数生まれた。ここで指摘しておかなければならないのは、ソ連時代、国家所有のもとにあった企業には、「第一課」（ペールヴィ・アトジェール）と呼ばれるKGBの「細胞」があり、企業の機密保持活動に従事していたことである。これは重大な事実なのだが、筆者が一橋大学大学院でソ連経済を研究していた時期にもこの事実に気づいて日本人研究者はだれもいない。

「第一課」はソ連崩壊後なくなったが、ロシアになってからも、FSBから担当者（クーラートル）と呼ばれる者が大規模企業に出向き、企業を監視している。国防発注を受けている軍産複合体には、FSBだけでなく、地方検事局からの監視者もいる。これがロシア企業の実態なのだ。

このように、現在、KGBおよびFSBの人脈はビジネスの世界に広範に広がっている。その人脈は税務警察や関税局といった新たに創設された部署にも広がり、レント（不正利得）を得る多くの機会を手にした。

連邦保安局機関法の重要性

KGBの後継であるFSBを優位に立たせたのが一九九五年四月三日に制定された連邦保安局機関法だ。その第一五条では、国家機関、同じく、企業・施設・組織が連邦保安局機関に協力しなければならないとされ、とくに、「テレビ・秘密・衛星通信システムを含む、すべての種類の電子通信、郵便通信のサービスを提供する、ロシア連邦における個人および法人は、連邦保安局機関の求めに応じて機器に追加的設備やプログラム手段を含め、また、連邦保安局機関によるオペレーション技術措置の実施に必要なその他の条件を創出する義務を負う」ということになった。つまり、盗聴に協力することが義務づけられたのだ。

一九九七年に日本電気（NEC）、三井物産、住友商事の三社は、通信機器製造・販売に関する合弁会社「NEC Neva Communications Systems」（以下NECネヴァ）を設立した。NECの最新型デジタル交換機「NEAX61」の生産・販売および据付工事・保守サービスを全ロシアにて展開する会社だが、この交換機には、FSBの依頼に基づいて盗聴器が仕掛けられるようになっている。

第一五条には、もう一つ、驚くべき規定がある。「ロシア連邦の安全を保障する課題を解決するために、連邦保安局の軍人は国家機関、所有形態と無関係の企業・施設・組織にそれらの指導者の合意のもとに、軍人を軍事勤務に残したまま、ロシア連邦大統領によって定められた方式で一時的に派遣されうる」というものだ。つまり、FSBの軍人と同じような将校などの肩書きをもつ職員が「一時派遣者」として企業において「屋根」の役割を果たすことが可能になったわけである。おそらくこの規定がプーチン政権になって積極的に利用され、それが前述したFEBの担当者（クーラートル）の活用につながっているものと考えられる。

プーチンによる「KGB」支配

社会学者オリガ・クルィシタノフスカヤによれば、二〇〇〇年～〇三年に任命された省の全次官のうち、広義の「軍人」（国防省管轄下の軍人以外に、内務省軍などの軍人、さらにKGB・FSB職員、検事などを含む）の割合は三四・九％にのぼった。非軍事的な省の次官（ひとつの省に複数の第一次官、次官がいる）に任命された「軍人」のうち、四五・二％が連邦保安局（FSB）と対外課報局（SVR）の出身者であった。どちらも元KGBのなかに含まれていた機関で、KGB解体後、ロシアになってから創設されたものである。

重要なのは、「軍人」が経済関係の省に多く任命されたことである。彼らは「クレムリン」の推薦に基づいて異動したと言われている。具体的な状況をみてみると、天然資源省のウラジミル・ロズビネフ次官（二〇〇六〜〇八年）は一九八三—九四年まで国防省で働いていた「軍人」であった。二〇〇七年九月に当時あった産業エネルギー省次官に任命されたデニス・マントゥーロフ（現産業・商業相）は二〇〇三—〇七年まで国営のロシア国防輸出と深い関係をもつアバロンプロムの社長であった。元KGBのセルゲイ・チェメゾフロシア国防輸出総裁（当時）という、プーチンの盟友の一人と太いパイプをもっていた。経済発展貿易省（当時）には、軍事大学卒で、国防省の機関に長く勤務していたスタニスラフ・クズネツォフ次官がいた。

この際、あまり知られていないきわめて重要な事実がある。すなわち、「軍人」でありながら経済関係の省次官に任命された者は活動予備隊（ODR）の籍にあるということだ。ODRはソ連時代からあり、公式に現行安全保障機関制度のもとで維持されている。ODRに属する将校は自らの任務を停止せず、給与をもらい、新しい勤務先でも仕事に就く。つまり、そこでも給与をもらう。彼らには、毎月、報告書を書くという課題が与えられる代わりに、「第二の給与」のほか、勤務に応じた手当て、将校の身分証が残される。この将校の身分証は彼らの安全保障に役立っている。こうして、ODRに属する「軍人」は「黒幕」の役割を果たしているのだ。

前述したＦＳＢから大規模企業に派遣される者も、「軍人」と同じような将校などの肩書きを有したまま、企業内部に入り込む。言わば、ＯＤＲの制度が企業にも適用されているのだ。この点こそロシア企業の特殊性であり、この点を理解しなければロシアの企業統治を語ることはできない。

したがって、筆者を拉致して「協力しろ」と脅したミリュチンなる人物が「連邦漁業庁」という名刺をもっていた理由も理解できるだろう。ＦＳＢは企業だけでなく、連邦機関などの政府関係機関にもしっかりとネットワークを張りめぐらせているのだ。

こうした「軍人」＝役人は特務機関で勤務した過去を誇りにしている。ソ連時代には、司令官には必ず共産党から派遣された「政治将校」（コミッサール）がいて、司令官を監視していた。これと同じような仕組みを経済関連の省など、行政機関に広げようとしているのではないかとさえ思えてくる。このため、プーチン大統領のもと、大統領府はこうしたコミッサールの「予備」を積極的につくろうとしている。下院では、上院構成方式法を改正して、ある地域を代表する上院議員になるための資格要件としての一〇年定住という条件を転勤の多い内務機関、麻薬取引監視機関、刑事執行機関、軍人、検察官に適用しないように改めた。こうすることで、「軍人」を上院議員になりやすくしたのである。

「組織犯罪」から「テロ防止」へ

二〇〇一年の九・一一テロ以降、FSBは「組織犯罪」と「敵」に加えて、「テロ」という「敵」を見出し、「テロ防止」という新しい任務を受けもつようになる。テロも組織犯罪と同じように、定義が曖昧で解釈を広げればどこにも見出せるような不可思議な行為ということになる。プーチンはこの機をとらえて、テロ対策という名目でFSBの権限強化をはかってきた。

二〇一五年一〇月末、エジプト東部からサンクトペテルブルクに向かって飛行中のロシア機がシナイ半島で墜落した事故がテロと断定されると、早速、テロ犯罪強化として死刑の適用が議会で議論されるなど、相変わらず、テロ対策を材料にしたFSBなどの治安機関の権限強化がつづいている。近年、FSBがとくに力を入れているのは「サイバーテロ対策」だ。これを名目にして人員を強化している。ちょっと考えればすぐわかることだが、サイバー犯罪のなかでサイバーテロなる概念を突出させる意味などあるのだろうか。ついでに言っておくと、いま世界は「サイバーウォー」なる概念を国際法に仕立て上げようと躍起になっている。「サイバー戦に適用される国際法に関するタリン・マニュアル」(タリン・マニュアル)がNATOのサイバー防衛能力の強化を目的として設立されたNATOサイバー防衛センターによって二〇一二年に公表されたのだ。拙稿「サイバー空間と国家主権」(『境界研究』)のなかでも指摘したことだが、主権国家はさまざまな名目を使って必要以上に権限拡大に乗り出すものなのである。これは、ロシアも米国も日本も同じである。

ここまでくると、もうプーチンによる「KGB国家」の再来と言いたくなる。だから、筆者は

『ネオKGB帝国：ロシアの闇に迫る』という本を二〇〇八年に書いたのだが、闇に迫りすぎて「知りすぎた男」の烙印を押されてしまったのかもしれない。

5　インターネット規制の強化

ついでに、恐ろしい話をしておきたい。KGB転じてFSBとなった機関はいま、情報技術分野に進出をはかっている。その現状を知るためには、ロシアの情報管理政策を知らなければならない。プーチンは二〇〇〇年九月、情報安全保障ドクトリンに署名した。そこでは、情報安全保障を、「個人、社会、国家のバランスのとれた関心の全体性によって定義された情報範囲におけるロシアの関心を守ること」と特徴づけている。ロシアの情報政策の主たる目的はロシア内の社会的政治的発展の安定性に寄与することであり、公的国家政策の公共的支援を保証することである。ロシアでは、米国の言葉、cyber security や cyber space は主として技術的なものであり、ロシアの言葉である「情報安全保障」や「情報空間」はより幅広い政治的な意味合いをもっているとみなされている。

「モスクワの米国版国家安全保障局（NSA）」として知られるようになったのは、連邦政府コミュニケーション・情報庁（Federal Commission for Government Communications and Information, FAPSI）である。米国のNSAのように、FAPSIはコード作成・解除、通信遮断、盗聴などを開始した。二〇〇三年、FAPSIは連邦警備局特殊コミュニケーション・情報庁（Service of Special Communications and Information, SSCI）になった。ヴォロネジにおいて、同庁は世界でもっとも大きなハッカー学校であるかもしれない教育機関を運営している。

監視システム、SORM

ロシアでは、インターネット上のe-mailの内容を諜報するためのシステム、「作戦・捜査措置保障のための技術的手段システム」（SORM）が常時、運用されている。これは一九九六年に運用が開始されたもので、その後、無線通信を含めた情報監視システムとして構築された。SORMの運用上必要な調整がすべてのインターネットやSNSのプロバイダーに課され、違反があれば免許が停止される。ロシア通信国家委員会、連邦保安局（FSB）、中央通信研究所、連邦通信・情報技術・マスコミ部面監督庁などがSORMの運営に関与している模様だ。

ロシア憲法第二三条により、各人に通信の秘密に対する権利が保障されている。裁判所の決定によってのみこの権利を制限することが許されている。SORMの利用のためには、裁判所の許可が必要になるのだが、裁判所によって許可が出された件数はベールに包まれている。だが、アンドレイ・ソルダートフとイリーナ・ボロガンの書いた *The Red Web*（二〇一五年）によれば、電話の会話やe-mailを、SORMを使って諜報する許可がおりた件数は二〇〇七年の二六万五五九三七件から二〇一二年には五三万九八六四件に急増していたという。この数字には、「敵」のスパイ活動に対抗するための対防諜活動のための許可は含まれていないから、ＳＯＲＭを使った諜報活動はさらにずっと多いと考えられる。

こんなことを知っている筆者は大あわてで自分のメールアドレスに貯め込まれてきた情報の一部を二月二十四日までに削除した。間に合ったかどうかはわからない。

北京五輪から東京五輪へ

ロシアのこうした動きは、中国で二〇〇八年に開催された北京五輪での情報監視システムを参考にして、ロシア政府がソチ五輪開催に向けて用意周到に準備を進めてきた証拠と言える。ソチ五輪の前年の二〇一三年には、ＦＳＢが推奨する「ＳＯＲＭブラック・ボックス」である「オメガ」というプログラムをインターネット・サービス・プロバイダー（ＩＳＰ）にダウンロードするように命令が出され、従わなかったＩＳＰを罰していたことがわかっている。だからこそ、米国務省は二〇一三年八月、ロシアを旅行するときには電話や電子通信が監視の対象になるかもしれないから注意するよう警告を発した。二〇一三年一一月八日には、メドヴェージェフ首相は五輪の組織運営者、全参加選手、審判、ソチにやってくる数千人のジャーナリストを含む、ＳＯＲＭの監視対象者のリストアップを命じる命令に署名した。

日本でも、二〇二〇年の東京五輪の開催を前に、二〇一四年のソチ五輪、二〇一二年のロンドン五輪の経験をいかしつつ、情報監視システムの構築に力を尽くそうとしている。二〇一五年一一月、欧州内相らはEUから出国およびEUに入国するすべての全旅客の旅客氏名記録（PNR）を相互に分かち合う計画に合意したのだが、これを受けて、日本政府も全力でアジアにけるPNRをシェアするネットワークの構築にあたっているはずだ。もちろん、二〇二〇年八月の五輪開催の半年前までには、少なくとも日本全体への入出国者について、できるだけ多くの国におけるPNRと照合できる体制を築き、不信な移動を繰り返している人物を特定し、不審者として厳重な監視下に置くことになるだろう。こうした万全の準備がなければ、五輪を安全に開催できないと、当局は考えるにちがいない。もっとも、そんなことをしなくても、平和の祭典は可能であるかもしれないのだが。

日本には、SORMのようなシステムは存在しない。それでも、各プロバイダーに協力を求めて、SNS上の不可解な情報交換に注意喚起したり、「ネットパトロール」による情報監視を強化したりすることは可能だ。この際問題になるのは、PlayStaion4などのゲーム機を通じた情報交換に対する監視体制が手薄なことである。そこで、二〇一六年以降、こうした機器に対しても、監視の目を向けることになるだろう。

日本では、民間の監視カメラがあちこちに設置され、事件があると警察への録画されたビデオの提出が当たり前のように行われるようになっているが、SNSでの情報交換結果というビッグデータについて、同じような協力関係を構築できないかが課題となっている。一定期間、データを保存してもらうだけでなく、過去のデータを警察当局が分析するために提供してもらうことも検討されている。もちろん、令状なしにe-mailを開封して中身まで調べるわけにはいかないが、個人を特定することなく、どんな検索が増えているかとか、どんな商品が購入されているかといったビッグデータを解析できるようにすれば、不穏な動きを察知しやすくなる。このため、こうした努力も五輪の安全保持に役立つと言えるかもしれない。

日本では、いわゆる「電子帳簿保存法」が一九九八年七月に施行された。電子納税に対応する目的で、紙保存が原則であった国税関係帳簿書類を、一定の要件を満たすことにより電磁的記録による保存とするもので、第十条で帳簿書類の保存方法として、特例ではなく同法施行前には保存義務のなかった電子取引にかかわる電磁的記録が保存されなければならないことになった。法人事業者の保存期間は七年とされた。この規制はあくまで納税にかかわる制度だが、電子情報としてインターネット空間にあったり、スマートフォン間にあったりするものを保存させることが課題になっている。

ロシアでは、二〇一四年八月から、SNSにかかわる会社はインターネット利用者個人の利用情報を必要に応じて提供することが義務づけられ、そのデータを最短でも六カ月間、保存することになった。日本では、ここまで広範に情報提供を義務づけることは「言論の自由」や「プライバシーの保護」といった観点から、大きな反対にあうことが想定される。そこで、二〇二〇年東京五輪の安全な開催を錦の御旗に打ち立てて、一歩一歩、ロシアに近づくような法改正が行われるのではないかと筆者はみている。

匿名通信システム・トーア

別の課題となっているのは、暗号化された通信に対する対処法である。すでに暗号化されたデータ通信は近年、幅広く利用されるようになっている。「知らしめず」を基本とする官僚統制の根づいている日本では、匿名通信システムトーア（Ｔｏｒ）のことを知る日本人が少ない。二〇一三年、エドワード・スノーデンは、米国政府がＳＮＳ関連企業のサーバーから個人情報にアクセスできるシステム（ＰＲＩＳＭ）の存在を暴露した。英国のガーディアン紙の報道では、ＰＲＩＳＭの極秘資料のなかには、「トーア・ユーザーの匿名性を打ち破ることはできなかった」と書かれていたという。だが、その後、ブラウザのバグや構成ミスが発生した場合、トーア利用者が特定されてしまうケースがあることがわかっている。

もちろん、犯罪情報の伝達のためばかりトーアが利用されていたわけではない。現にトーアを利用したからといって犯罪者にはならない。「知らしめず」政策をとる日本でも、二〇一五年一月一日から一一月二三日の間に、五万九〇〇〇人の延べ利用者があった。これは米国の三六万六六〇〇人に比べると六分の一にすぎないが、それでもこれだけの人々がトーアを利用していたことになる。その後も、この傾向はつづき、二〇二〇年までにはトーア・ユーザー数は格段に増加しているだろう。政府規制が強まれば強まるほど、匿名性を確保するためにトーアのような仕組みが求められるからである。

だからこそ、二〇二〇年に向けて、こうした動きに対処することが課題になっている。もちろん、それはテロを警戒する世界中の主権国家にとっての課題だから、日本も暗号への対処について国際的な規制強化に積極的に参加することになるだろう。たとえば、暗号コードを販売した会社に、令状があれば、その販売したコードの解読を求めることができるようにしたり、そうした暗号コード販売者が解読できないようなやり方で暗号が情報交換に使えるコンピューター・プログラムの販売を禁止したりすることが二〇一六年以降、世界中で議論されるようになり、一部が二〇二〇年までに実現すると思われる。警察がコードを解読しやすくする「故意の弱点」を組み込んだ暗号の販売を義務づけるといった考え方もあるが、さすがにこれは賛同が得られないだろう。おりしも米国では、銃乱射事件の容疑者がもっていた iPhone のロック解除をめぐってアップル社と連邦捜査局（ＦＢＩ）が対立している。こうした問題は決して対岸の火事ではない。

主権国家を維持することは官僚にとってこのうえのない義務だから、オリンピックを契機に日本に国民監視体制を確立することは官僚の悲願となっている。これは今後の日本国民にとって「悲劇」となりうる。もうずいぶん前から、マスメディアは体制批判に及び腰だが、ますます言論統制が進みかねない素地が着実に整えられつつある。それは、プーチンが二〇〇〇年にロシア大統領に就任して以降、着々と歩んできた道に似ている。

第3章　プーチンの正体

1　プーチンの仲間たち

二〇一六年一月二五日、英国放送協会（ＢＢＣ）は、「プーチンの秘密の富」（Putin's Secret Riches）という番組を放送した。三〇分ほどの番組のなかで、テロ・金融犯罪担当のアダム・シュピン米財務省次官代理は、「我々はプーチンが国家資産を利用する友人とみなさない者を無視しながら、プーチンの友人やプーチンに近い同盟者を金持ちにするのを見てきた」と話し、これがプーチンの「腐敗の構図」になっていると分析してみせた。つまり、プーチンの富は友人を経由して形成されており、本人名義の財産を特定するのが困難であるものの、特定の人物を富ませ、それが事実上、彼の「秘密の富」になっているというのである。

番組はロシア当局者を怒らせたのか、ロシア側はすぐに「オバマの帝国」というビデオをつくり、二月に入って放映した。「米国のファースト・ファミリーはどのようにして納税者の税金をどぶに捨てているのか」という副題がついており、その標的はバラク・オバマ米大統領の夫人ミシェルであった。二〇一〇年八月四日にスペインを訪問した夫人は一泊六〇〇〇ドルもする部屋に宿泊したとしてホテルの部屋まで映してみせた。

このように、「プーチンの秘密の富」をきっかけにして、米ロのトップ同士の「腐敗」が改めてクローズアップされている。引き金を引いた形のＢＢＣの番組は実は、二〇一四年に刊行された『プーチンの盗賊政治』という本を下敷きに制作されている。番組自体にも、その著者カレン・ダウィシャが登場する。同書では、プーチンが大統領に登りつめる過程で、その取り巻きにどんな人物がいて、どのようにして彼が友人を富ませる形で自分の財産を形成してきたかが克明に記述されている。この章では、この本と拙著『ガスプロムの政治経済学』(Kindle版)や拙著『ネオKGB帝国』での記述に基づきながら、プーチンの正体を暴きたい。今回の筆者の拉致の本当の元凶はプーチンそのものであるからだ。

米国政府によるウクライナをめぐる対ロ経済制裁

二〇一四年三月一六日(米国時間)、バラク・オバマ大統領はロシアによるウクライナのクリミア半島併合問題に絡んでビザ発給停止、米国内にある資産凍結などの制裁実施に関する執行命令に署名した。これを受けて、米財務省は同月二〇日、一六人のロシア政府の要人(セルゲイ・イワノフ大統領府長官、セルゲイ・ナルィシュキン下院議長ら)のほか、プーチンの「インナーサークル」のメンバーとしてプーチンら政府高官を金銭的ないし物的に支える、ゲンナジ・ティムチェンコ、アルカジ・ローテンベルグ、ボリス・ローテンベルグ、ユーリー・コヴァリチュークの四人およびコヴァリチュークが支配する銀行「ロシア」を米国資産凍結の制裁対象に指定した。興味深いのは、米国政府がプーチン政権下で隠然と広がっている「腐敗」に関心をもち、特定の民間人を制裁対象としたことである。

表1は二〇一四年ころのプーチンをめぐる「仲間」をまとめたものである。ここではまず、米国政府がプーチンの取り巻きとして暴利をむさぼり、プーチンと自分のために利殖に励んでいるとみなしている四人（表の1〜4）について解説するところからはじめたい。ついで、ニコライ・シャマロフについて説明する。彼の息子がプーチンの娘とつき合っているとみられるためである。その他の仲間についても文章中に登場するから随時、参照してほしい。なお、欧州連合（EU）もクリミア併合に絡んで対ロ制裁を実施しているが、コヴァリチューク、シャマロフ、アルカジ・ローテンベルグを制裁対象リストに収載したのは二〇一四年七月三〇日になってからであった。

2　ゲンナジ・ティムチェンコ

ティムチェンコは、プーチンの側近として二〇〇〇年一月から二〇一四年五月まで大統領総局長官（大統領実務管財人）を務め、同月から軍事技術協力担当の大統領補佐官となったウラジミル・コージンと近い関係をもつ人物だ。ティムチェンコを理解するためには、まず、コージンについて知らなければならない。彼は米国による二〇一四年三月の最初の対ロ制裁対象者に入っている。

コージンは、プーチンがサンクトペテルブルクの副市長であった当時、アシスタントとして

表1　プーチン大統領をめぐる仲間たち（2014年段階）

	氏　名	プーチン/KGBとの関係	100％所有ないし部分的所有。2014年の取締役会メンバー	2013年の推定財産
1	ゲンナジ・ティムチェンコ＊	キリシネフチヒムエクスポルト，サンクトペテルブルク	Gunvor（2014年春まで）＊，ヴォルガ・グループ＊，アヴィア・グループ＊，ストロイトランスガス・グループ＊，ノヴァテク＊など	153億ドル
2	アルカジ・ローテンベルグ＊	サンクトペテルブルク，子供時代	ストロイガスモンタージュ＊，SMP銀行＊，モストトレストなど	40億ドルの純資産
3	ボリス・ローテンベルグ＊	サンクトペテルブルク，子供時代	ストロイガスモンタージュ＊，SMP銀行＊など	16億ドルの純資産
4	ユーリー・コヴァリチューク＊	別荘協同組合オーゼロ	銀行「ロシア」（子会社を含む）＊，北西戦略研究センター	14億ドルの純資産
5	セルゲイ・チェメゾフ＊	ドレスデンでKGBとして	Rostec，アエロフロート，AvtoVAZ，統一航空機製造コーポレーションなど	8億ドルの純資産
6	イーゴリ・セーチン＊	サンクトペテルブルク市政府で	ロスネフチ＊，統一造船コーポレーション	2500万ドルの年収
7	ニコライ・シャマロフ＊	別荘協同組合オーゼロ	ヴィボルグ造船所，銀行「ロシア」＊，ガスプロム銀行＊	5億ドルの純資産
8	ウラジミル・ヤクーニン＊	別荘協同組合オーゼロ	ロシア鉄道	1500万ドルの年収
9	ウラジミル・スミルノフ	別荘協同組合オーゼロ，ペテルブルク燃料会社	テクスナブエクスポルト	不明
10	アレクセイ・ミレル	サンクトペテルブルク市政府で	ガスプロム，ガスプロム銀行＊	2500万ドルの年収
11	アンドレイ・フルセンコ＊	別荘協同組合オーゼロ	北西戦略研究センター	不明
12	セルゲイ・フルセンコ＊	別荘協同組合オーゼロ	レントランスガス，ガスプロム・モーター燃料	不明

（備考）＊は2014年8月1日現在の米国による制裁対象。

（出所）Dawisha, Karen (2015) *Rutin's Kleptocracy*, paperback, pp. 338-339を筆者の判断で一部変更。

ゲンナジ・ティムチェンコ

プーチンのために働いた経験をもつ。一九九三年になると、彼はプーチンの金庫番としてサンクトペテルブルク・ジョイント・ヴェンチャー・アソシエーションという不可思議な組織のトップとなり、ここに資金を集めた。それが、一九九六年に設立された有名な別荘協同組合オーゼロへと受け継がれていく。

　オーゼロの設立者には、プーチン、ユーリー・コヴァリチューク、弟のミハイル・コヴァリチューク（物理学者だが、二〇〇七年にロシア科学アカデミーの副総裁に推挙され、二〇〇八年に科学アカデミーによって拒否される事件に発展）、アンドレイ・フルセンコ（二〇〇四年三月から二〇一二年五月まで教育科学相）、ウラジミル・ヤクーニン（二〇〇五年六月から二〇一五年八月までロシア鉄道会社社長）、コージン（大統領実務管財人）などがいた。これだけでも、プーチンの取り巻きがなにやらただならぬ関係をもっていることがわかるだろう。

「おいしい取引」

　やや脱線してしまったが、ティムチェンコはといえば、一九五二年生まれの彼は一九八二年から、ソ連対外貿易省レニングラード代表部に勤務し、そこで二人の同僚と知り合う。一九八七年一月から、ソ連は七〇の大規模企業が自主的に貿易をできるように制度変更したため、三人は尽力してレニングラード州のキリシ市にある製油所キリシネフチオルグシンチェズをそのリストに入れることに成功する。この際、輸出企業キリシネフチヒムエクスポルトが設立された。一九九一年一二月、当時のエゴール・ガイダール副首相のお墨付きを得て、同月二〇日、同社は当時のレニングラード市当局から一五万トンの石油製品を輸出できる割当を受け取り、その代わり同市に食糧を渡すことが決定された。これは言わばバーター取引の一つだが、これを組織化した対外関係委員会（KVS）を主導していたのがプーチンであった。

この取引がいかに「おいしい取引」であったかは、当時の条件をみればすぐわかる。原油価格は一九九〇年当時、国内で統制されており、三〇ルーブル程度だった。当時の非公式レートで一ドルにすぎない価格である。他方、世界の原油市場価格は一〇〇ドル強であったから、ガソリンを精製するためにキリシネフチオルグシンチェズに送られてくる原油をちょろまかしてキリシネフチヒムエクスポルトが輸出すれば、濡れ手で粟の巨利が得られた。加えて、ガソリンを輸出しても、原価が低いから巨利を得られた。その巨利に相当する食料品が輸入されてサンクトペテルブルクの市民に供給されたのであれば、問題にならないかもしれないが、実際には、食料品はサンクトペテルブルクには到着さえしなかったのである。にもかかわらず、プーチンは立件を免れている。

プロジェクト・キンエクスと呼ばれる計画で、ティムチェンコはイーゴリ・セーチン（後にプーチンの側近となり、副首相などを歴任する現石油会社ロスネフチ社長）とも知り合った。このキンエクスのプロジェクトは一九九三年にレニングラード州バタレイナヤ湾にターミナルを建設し、キリシ製油所と石油ＰＬで結ぶことを提案したものだ。このキンエクスは後に民営化され、これが後述する銀行「ロシア」との友好関係につながる。

「グンヴォー」急成長の謎

ティムチェンコは一九九一年から、ロシアとフィンランドの合弁会社であるユラルスという会社で働くことになり、その後、同社は国際石油プロダクツ（International Petroleum Products Oy, IPP）に改名した。一九九五年ころになると、ティムチェンコはこのＩＰＰを主導するようになった（一九九四〜二〇〇一年、managing director だったという情報がある）。このＩＰＰのパートナーとなったのはロシアの石油会社スルグートネフチガスであった。ティムチェンコはスルグートネフチガスのウラジミル・ボグダノフ社長と協力関係を構築した。それを仲介・支援したのがセーチンであったとも言われている。ボグダノフは同社に属するキリシ製油所で生産された石油製品や原油を輸出するのに、ティモチェンコの助力を求めたわけだ。スルグートネフチガスとティムチェンコの協力関係はなかなか立証できないが、二〇一〇年五月になって同社が二〇一〇年三月末で、後述する「グンヴォー」（Gunvor）に一〇〇億ルーブル、スルグートエクスに九〇億ルーブルを信用供与していたことが明らかになる。このスルグートエクスもスルグートネフチガスの原油などを取り扱っていたと思われる。

一九九〇年代後半になると、ティムチェンコは石油トレーダー業の発展に力を入れた。その結果、ティムチェンコはスウェーデン人の元BPトレーダー、トルンクヴィストとともに石油製品の貿易会社を一九九七年に設立した。これがオランダに登記されたGunvor International B. V.だ。一九九九年、ジュネーブに住むティムチェンコはロシア国籍からフィンランド国籍に代わったとみられている。その後、二〇一二年末にロシアへの移住の意向が明らかにされた。

グンヴォーは石油トレーダーとして成長し、グンヴォーによるロシア産原油の輸出量は二〇〇二年の二〇万トン程度から二〇〇七年には約一八〇万トンにまでなった。グンヴォーは、セーチン副首相（当時）が取締役会議長（会長）を兼務する国営石油会社ロスネフチの原油輸出の約六割（グンヴォーは三〜四割と主張）を取り扱うまでになった。ロシア産原油輸出全体の四割ほどをグンヴォーが取り扱っているという見方もある（Коммерсантъ, Apr. 1, 2009）。二〇〇九年の石油取扱量は前年比一〇%増の二三〇万バレル／day（年一億一四〇〇万トン）にのぼり、売上高は前年比一六%減の五三〇億ドルだった。取り扱った石油のうち、ほぼ半分がロシア産だ。二〇一〇年の売上高は前年比二二・六%の六五〇億ドルまで回復した。二〇一一年のそれは八〇〇億ドルを超えた。グンヴォーはGlencore、Vitol、Trafiguraに次ぐ世界第4位の石油トレーダーになったのである。

ただ、グンヴォーは必ずしも取引量が多くない、ウラル原油の取引（ロシアの北西ヨーロッパにおけるブレンド標準価格として機能）を操作して利益をあげているのではないかとの疑いが広がっている。つまり、ウラル原油取引で売りを浴びせ、相対的に安価になった原油をロシアで調達して、それを比較的価格の高い欧米に販売して利益を得ているのではないかとみられてきた。ただ、二〇一二年三月のＧ20の指導者からの要請に基づいて、証券監督者国際機構（世界各国・地域の証券監督当局や証券取引所などから構成される国際機関 International Organization of Securities Commissions, IOSCO）は石油価格決定にかかわる情報開示改革に取り組む方針を明らかにした。これを後押ししているのが、Extractive Industries Transparency Initiative（EITI）と呼ばれるＮＧＯだ。ＥＩＴＩはこれまで、炭鉱会社や石油会社がロイヤルティや税金などの形で政府に収める支払いの透明性確保を中心に世界規模で運動を展開してきた。最近になって、ＥＩＴＩは石油トレーダーの情報開示が足りないとして、石油取引そのものにかかわる情報のさらなる開示を要求している。こうした動きのなかで、秘密のベールに包まれてきたグンヴォーの活動に対する風当たりが強まった。

ティムチェンコは二〇一〇年六月一日現在、グンヴォー株の四〇％を保有、その時価総額は二一〇億ドルにのぼった。別の情報では、ティムチェンコと、スイスのビジネスマン、トルンクヴィストはグンヴォー株を四五％ずつ合計九〇％保有していたが、第三の共同保有者として、金融支援の代わりに少数株を得た民間投資家がおり、その少数株は売却され、経営トップのトラストがその少数株を保有していた。実際には、後述するように、ティムチェンコはグンヴォー株を四三〜四四％保有していたようだ。

グンヴォーの急成長の背後には、ティムチェンコとプーチンの親しい関係があったのは明らかだろう。両者の関係を直接、裏づける証拠ではないものの、ティムチェンコはサンクトペテルブルグの柔道クラブ「柔―ネヴァ」の創設者の一人であり、プーチンはそのクラブの名誉総裁を務めている。クラブの最高経営責任者は後述するローテンベルグ兄弟の兄であった。同クラブ監査委員会の議長は第一副首相を経験したヴィクトル・ズプコフであり、クラブの管理会を主導したのは、ソチ冬季オリンピック開催のために設立された国家コーポレーション・オリンプストロイのトップ、タイムラズ・ボロエフであった（オリンプストロイのトップには、すでにヴァインシュトク、コロジャジヌイ、ボロエフ、ガプリコフの四人が就いたのだが、横領などの刑事犯罪で前任の三人はすべて告発されたが、だれも裁判にかけられてはいない）。加えて、ティムチェンコは、原油や石油製品の鉄道輸送に関連するロシア鉄道のトップ、ヤクーニンとも親しい（息子はグンヴォーの法務担当取締役だった）。幹線石油PLを管理・運営する、国営企業トランスネフチのニコライ・トカレフ社長とも親密だ。ティムチェンコの交流関係はプーチンの親しい友人と重なる部分が多いことがわかるだろう。

石油パイプラインルートを政治決定

プーチンとティムチェンコの親しい関係を裏づけるような出来事には、ウスチ・ルガ開発がある。グンヴォーの原点とも言える、キリシ製油所も関係している。二〇〇七年一月、ロシアとベラルーシ間で、ベラルーシを通るPL「友好」の一時停止という事件が起きた。これを契機に、ベラルーシを迂回して、プリモルスク方面に輸送するルートの新設が急浮上した。同年五月、当時のミハイル・フラトコフ首相は、産業エネルギー省（当時）の「ウネチャー―ヴェリーキエ・ルーキ―プリモルスク」間の新しいルート（BPS2）建設提案を承認した。総延長は約一〇一六キロ。当初、年五〇〇〇万トンの輸送能力を想定していた。二〇〇八年四月、当時の産業エネルギー省はこの計画が十分な採算性に欠けると政府に通知した。にもかかわらず、五月に就任間際のプーチン首相は、プリモルスクではなく、ウスチ・ルガを積出港とするBPS2建設に〝GO〟サインを出した。これは、きわめて政治的決断であったと言える。

第一に、同年からプーチンと親密な関係をもつとされているティムチェンコの支配するグンヴォーがウスチ・ルガで注油ターミナルを建設してきたという事情がある。つまり、プーチンのこの決定は、ティムチェンコにとってきわめて有利な決定となったのである。第二に、ウスチ・ルガでは、主に海外での油田開発などを行う国営のザルベジネフチが港湾建設に着手しており、同社の社長だったトカレフが二〇〇七年秋、トランスネフチ社長に就任していたことがあげられる（ティムチェンコはトカレフとザルベジネフチ時代から知り合いだった）。トカレフはプーチンに近い人物であり、ウスチ・ルガの発展のために、キリシ製油所で精製された石油製品が同港まで輸送されることも決まった。同製油所はスルグートネフチガスに属しており、プーチン、ティムチェンコ、ボグダノフとの不可思議な関係を考えると、ここでも政治的決定のにおいがする。

こうした状況下で、米国政府はすでにグンヴォーがいかがわしい企業であることによく気づいていた。二〇一三年ころ、グンヴォーグループ傘下のCastor Petroleumの社員らが米国検事局の取り調べを受け、グンヴォーがロスネフチの石油を購入してそれを海外に売りさばく際、米国の金融システムを利用して「腐敗取引」を行っていたことが明らかにされたのだ。

ティムチェンコの投資基金

プーチンの友人、ティムチェンコの成金ぶりを明らかにしても読者には退屈なだけかもしれない。だが、もう一つだけ紹介しておきたいことがある。それは、彼が主導して二〇〇七年にルクセンブルグに設立した投資基金（Volga Resources, 以下基金ヴォルガ）である。同基金の投資先のうち、ストロイトランスガスとノヴァテクが重要である。

ストロイトランスガスはガス関連インフラの建設請負業者であり、二つの重要な鉱区の持ち分を保有していた。だからこそ、同社は単なる請負業者ではなく、より重要な投資対象であったわけである。ゆえに、二〇〇九年、ストロイトランスガス社長にアレクサンドル・リャザノフ前ガスプロム副社長が招かれた（ただし、経営再建に失敗、二〇一〇年春に辞職）。ストロイトランスガスはレム・ヴャヒレフがガスプロム社長だった時代に重用されていた建設請負業者であり、社長がアレクセイ・ミレルに代わって以降、ガスプロムとの契約は減少した。二〇〇七年には、ティムチェンコが支配下に置くようになる。その主たる顧客はトランスネフチやロスネフチに変化した。

二〇一〇年の段階で二兆立方メートルものガス埋蔵量をもつとされるノヴァテクは独立系ガス採掘会社であり、その大株主には、ティムチェンコ（二〇・七七％）、ガスプロム（一九・四％）、経営陣（約二〇％）がいた。このため、ティムチェンコはノヴァテクの取締役になった。基金ヴォルガが最初にノヴァテク株五％を取得したのは二〇〇八年だった。

基金ヴォルガはヤマルLNG（液化天然ガス）という、ヤマル半島にあるガス鉱区を開発してそのガスをLNG化して輸出しようとする会社に投資してきた。基金は同社株の五一％をノヴァテクに売却したが、その後もヤマルLNG株の一部を保有している。このプロジェクトこそ、二〇一〇年一〇月にプーチンがヤマル半島におけるLNG生産発展に関する包括的計画として承認したものである。南タンベイスコエ鉱区で採掘される天然ガスやガスコンデンセートに対する鉱物資源採掘税を一二年間、事実上、無税とする特恵が供与されており、このプロジェクトによってヤマルLNGが儲かれば、それはノヴァテクを潤し、ティムチェンコとプーチンとの太いパイプを通じてプーチン個人の懐を温める可能性が強い。

「ティムチェンコ帝国」とその崩壊過程のはじまり

二〇一三年六月になって、「ティムチェンコ帝国」と呼ばれる、ティムチェンコが支配する企業グループの概要が明らかになった。グンヴォーと基金ヴォルガを中心にした企業グループがヴォルガグループという企業集団のもとに統一的に管理・運営される方式に改められ、これらの企業グループを管理するためにVolga Advisorsという会社が二〇一三年に設立された。ヴォルガグループのコンサルティング会社であったUral Investという会社を改称する形で誕生したものだ。ヴォルガグループは主として三つの部門に集中投資している。エネルギー・輸送・インフラの三部門がそれである。エネルギー部門には、ノヴァテク、石炭採掘会社のコルマルなどが含まれている。輸送部門には、グンヴォー、鉄道のオペレーターであるトランスオイルなど、インフラ部門には、ストロイトランスガスなどが含まれている。

二〇一三年八月、ティムチェンコが空港などの航空関連資産を統合して「A―グループ」と呼ばれる特別の管理会社を設立して、同社に、グループ・アヴィア（モスクワの空港にあるシェレメチェヴォ・ターミナルAの七四％を保有）、ノルドグループ・アヴィア（サンクトペテルブルクの空港にあるプルコヴォ－2の七〇％を保有）、フィンランドの航空貨物会社Airfix Aviation（ティモチェンコの支配下の組織が九九％を保有）を繰り入れて管理する計画が明らかにされた。この計画は進んだが、二〇一四年三月の米国の制裁発動前に、ティモチェンコはAirfix Aviationを売却した。二〇一五年一二月時点で、「A―グループ」がシェレメチェヴォ株の七四％、残りの二六％をグループ・アヴィアが保有している。「A―グループ」の唯一の株主はキプロスに登記されたAGHAviationGroupHoldingだが、だれが支配する会社かは不明だ。興味深いのは、Airfix Aviationがプーチン、セーチン、イーゴリ・シュワロフ第一副首相らを輸送してきた実績があり、とくにプーチンの娘マリヤとカテリーナ、マリヤの友人のイオリタ・ファセナなどを頻繁に輸送してきたことである。はっきり言えば、公私混同も甚だしい事態が公然と行われてきたようなのだ。ところが、二〇一三年に米国当局がティモチェンコの不正なビジネスに関心をもつようになると、プーチンはAirfixのサービスを利用するのを止め、それがAirfixの売却につながったものと推測される。

米国政府による対ロ制裁の第一次対象者となったティムチェンコはさらに打撃を受けている。彼は二〇一四年三月、自ら保有していたグンヴォー株四三～四四％をスイス人のトルビオルヌ・トルンクヴィストに売却した。トルンクヴィストはグンヴォー株の七八％を所有しているという。それればかりか、ティムチェンコはさまざまの保有株式の売却を迫られている。二〇一四年四月、ウラル鉱山冶金会社の共同所有者であるイスカンダル・マフムフドフおよびアンドレイ・ボカレフはグンヴォーの保有してきた、ヤクート共和国にある石炭会社コルマル株三〇％を購入することになった。この株はグンヴォーが二〇一一年にコルマル株六〇％を三億ドルで購入した半分にあたるとみられている。グンヴォーの二〇一四年の純利益は二〇一三年よりも一三％減り、二億六七二〇万ドルまで減少した。売上高も三％減に八八三億ドルとなった。米国による経済制裁が効いている。

二〇一五年七月には、上記のウスチ・ルガ港にある石油製品ターミナルを管理するウスチ・ルガ石油の株式のうち、七四％を前述したボカレフに売却した。残り二六％はグンヴォーが保有したまま残される。一七億ドル規模の取引とみられており、それだけグンヴォーの窮状が深刻である証と言えるかもしれない。同年八月には、無名の会社ズヴェズダによる、グンヴォーのもつノヴォロッシースク重油ターミナル株五〇％の購入に対する許可が連邦反独占局によって与えられた。残りの五〇％も同年末、トランスネフチという幹線石油パイプライン網を独占している会社が購入することになった。

3　ローテンベルグ兄弟

ロシアの国営企業、ガスプロムは天然ガスの探査・採掘・輸送を一貫して行う巨大企業であるだけでなく、石油会社ガスプロムネフチや電力会社ガスプロムエネルゴプロムなども傘下にもつ総合エネルギー会社である。このため、ガスプロムに納入する資材や設備の取引を通じて、多くの利益を得ることができる。ローテンベルグ（とくに弟）が目をつけたのはパイプ納入であり、もっと細かい設備納入に目をつけたのがヴィクトル・フマリンであった。

弟はパイプ製造

まず、二〇〇六～〇七年に、パイプ、接続管、フランジの供給入札で落札を繰り返していたのはストロイプロムジェタ―リだった。同社の株式の六二％はボリス・ローテンベルグ（弟）の会社であるパイプ工業グループが支配していた。ストロイプロムジェターリ自体を経営していたのは、ストロイポスタフカという会社の社長だった。ストロイポスタフカの創設者は、ボリス・ローテンベルグの会社バーザ・トルグが設立した仲介組織ガスタゲドを主導していたイワン・シャバロフの娘であった。イワン・シャバロフはアルコール関連資産に関心をもつ兄、アルカジ・ローテンベルグと関係をもっていた。

弟ボリスによって二〇〇三年に設立されたバーザ・トルグとストロイポスタフカ（同じ住所に登記）は仲介組織を支配し、その仲介組織を通じて、ガスプロム向けのパイプや設備の供給を実施するようになる。バーザ・トルグはパイプの仲介組織であるガスタゲドの設立者であり、ガスタゲドを二〇〇八年まで支配していたのは、ガスプロムの子会社ガスコンプレクトインペクスであった。二〇〇三年にガスタゲド社長だったヤロスラフ・ゴルコはのちにガスプロムに移り、重役会のメンバーになった。

二〇〇七年、ボリスは自分の商社、「パイプ圧延」と「パイプ工業」を設立、この二社を使ってガスプロムとの取引を継続した。二社の二〇〇八年の売上高は二八九億ルーブル、利益は四四億ルーブルに達した。この「パイプ圧延」は年間の取引高が一五億ドルにものぼっていた北欧パイプ・プロエクト（SETP）の株式二六％を購入する方針をとり、支配を拡大させた。SETPのそれまでの所有者は、幹線パイププロム（六〇％）、パイプ冶金会社（二〇％）、統一冶金会社（二〇％）で、実質的な恩恵享受者はイワン・シャバロフだった。SETPは二〇〇五年にシャバロフが設立した会社で、二〇〇六年に、彼はパイプ・イノヴェーション・テクノロギーという別の会社も設立、ガスプロム向けのパイプの大規模供給業者となったとされている。SETPの主要な顧客はガスプロムであり、二〇〇五年から鋼管を供給してきた。SETPの二〇一一年の売上高は一一〇〇・四億ルーブル、純利益は一二〇・二億ルーブルだった。シャバロフは二〇一〇年、SETP株六〇%を売却した。こうして、ローテンベルグ兄弟はシャバロフのビジネスを肩代わりする形でガスプロムへのパイプ納入にかかわるようになったわけである。

ボリスは会社「パイプ工業」の設立者であり、同社はチェリャビンスク・パイプ圧延工場の全製品のほぼ一割を購入してきた。同工場のパイプの一一%は、設立者がアルカジである会社「パイプ冶金圧延」を通じて購入されてきた。チェリャビンスク・パイプ圧延工場の製品の四割弱がガスプロム向けであった。

兄は建設請負業

他方、兄アルカジはプーチンの柔道のスパーリングパートナーで、サンクトペテルブルクの柔道クラブ「柔—ネヴァ」の創設者の一人で、いまも最高経営責任者を務めている（創設は一九九八年）。二〇〇一年に突然、銀行北方航路（SMP銀行）を別のパートナーと設立、後に弟ボリスも出資し、SMP銀行の共同保有者になった。二〇〇八年三月、ガスプロムはアルカジの関連組織にガスプロムの建設請負会社や設備製造会社など五社を売却。公開オークション形式で売却さ

アルカジ（兄）

れたが、事実上、初期価格の八三億ルーブルで売却された。同年五月には、ガスプロムから購入した建設関連資産を統合したアルカジの会社ストロイガスモンタージュ（二〇〇七年末に設立）はガスプロムの初の入札を落札したほか、その後、ソチやサハリンでの大規模な受注を四件も受けた。二〇〇九年のストロイガスモンタージュの売上高は一〇〇三億ルーブルにのぼり、ガスプロムとの友好関係をもった有力建設請負業者の一つになった。同年、ストロイガスモンタージュは、ガスプロムとの間で「ソチ―ジュブガ」間のPL敷設請負契約を入札なしで締結した。三二六億ルーブルにのぼる契約だ。ヴャヒレフ社長時代、ストロイトランスガスが重用されたように、ミレル社長時代には、ストロイガスモンタージュが重用されるようになっているのだ。

ストロイガスモンタージュは、サハリンとウラジオストクを結ぶガスPL（全長一八三〇㎞）の建設の仕事にも従事してきた（当初、輸送能力は年六〇億㎥の「サハリン―ハバロフスク―ウラジオストク」のルートは二〇一一年九月八日、プーチン列席のもとでPL敷設工事完了（最初の一三五〇キロメートル分）を祝った）。このPLは二〇一二年にウラジオストクで開かれたAPEC（アジア太平洋経済協力）首脳会議に向けて準備されたもので、会場にサハリンのガスを届けてあっと言わせたいねらいがあった。しかし、年間輸送能力を当初の六〇億㎥から二〇二〇年までに三〇〇億㎥とする計画はまったく失敗だった。中国へのガス輸出が本格化しないかぎり、このルートを使ってウラジオストクにガスを送っても、ウラジオストクには大量のガス需要が存在しないからである。

サハリンからの天然ガスとしては、サハリン1、2、3のすべてのプロジェクトからの供給を受ける計画があった。当面、サハリン2から供給されている。当初、サハリン3から主として供給を受ける計画であったのだが、サハリン3プロジェクトの遅れから、他のサハリンプロジェクトからの供給を受けることになった。サハリン3プロジェクトは、いま制裁の影響を受けて開発が困難な状況にあるから、しばらくの間、このPLを使ってサハリンからロシア本土に向けてガスを輸送しようとしても、対象となるガスそのものが不足していることになる。ゆえに、今回の出張で、ある専門家はこのPLを「完全な失敗」と言っていた。

同PLの建設にかかわったタトネフチプロヴォドストロイとの契約に基づいて、スルグートトルーボプロヴォドストロイ（STPS）という会社もPL建設に従事していた。STPSは、すでに説明したストロイトランスガスの重役会のメンバーを最近まで務めていたセルゲイ・コーシュキンが支配す

ボリス（弟）

る会社である。つまり、ティムチェンコの基金ヴォルガが支配するストロイトランスガスと、アルカジ・ローテンベルグの支配するストロイガスモンタージュ（五一％を保有）を関連づける会社として、ＳＴＰＳがあることになる。二〇一〇年一二月、プーチン首相のいとこ（プーチンの父親の兄弟の子ども）であるイーゴリ・プーチンはこの会社を主導することになった。彼は、二〇〇七年五月、アフドヴァズ銀行の取締役に就任後、二〇一〇年九月には、マースチェル銀行副社長に選任されていた。銀行のポストは残したまま、ＳＴＰＳのトップを務めることになった模様だが、実際には、銀行業から建設業に転身したものとみられる。いずれにしても、プーチンの血縁者を取り込むことで、ガスプロムとの契約に便宜がはかられることを期待しているものと思われる。

「サハリン―ハバロフスク―ウラジオストク」のルートのうち、一部はストロイガスコンサルティングが請け負った。同ルートは運営開始から頻繁に中断を余儀なくされた。ＰＬ建設の不備に原因があったのは確実で、請負企業の責任が問われている。

道路建設で儲ける兄

注目されるのは、「モスクワ―サンクトペテルブルク」間のハイウェイ建設合意をロシアの道路管轄機関（ロスアフトドル）と結んだのが北西コンセッション会社（ＳＺＫＫ）であったことである。ＳＺＫＫは二〇〇七年にこのハイウェイ建設入札に参加するために、Vinci concessions

Russiaが一〇〇%持ち分を持つ子会社として設立された。Vinci concessionsはフランスの大規模建設会社で、Vinci concessions Russiaの二五%の持ち分を保有している。Vinciと別のフランスのVosstran Investの合弁会社Vinci concessions Vosstran Russiaも二五%を所有している。残りの五〇%に出資しているのは、N-トランスというグループの共同出資者が設立したPlexy Ltd.だ。同時に、アルカジはモストトレスト株の二五%を所有するRU―COMグループの支配者に対して（正確には、RU-COMグループとN-トランスがキプロスにもつMarc O'Polo Investments Ltd.がモストトレスト株五〇・三%を保有か）、同株式のアルカジの会社への売却を持ちかけ、合意した。実際に、二〇一〇年一〇月に取引が行われた。

モストトレストの取締役会のメンバーには、アルカジの支配下にあるNPBエンジニアリングという会社の複数の代表者が入っているという情報もある。モストトレストの大株主である、前記のMarc O'Poloの株式の一八・四五%をすでにアルカジが保有しているとの見方もある。つまり、事実上、アルカジはモストトレスト株の約九・三%（50.3×0.1845）を保有している計算になる。前述した二五%と合わせると、アルカジに事実上、属しているモストトレスト株は三四%強になった。その後、モストトレストはIPO（新規株式公開）を行ったから、アルカジは大儲けしたことになる。

しかも、二〇一二年には、二〇一四年にG8サミットの開催が計画されていた、モスクワ郊外のスコルコヴォ（イノベーションセンターの所在地）への道路整備を、モストトレストが一手に請け負うことが二〇一二年四月二五日付大統領令で決められた。二〇一四年五月一日までの完成が厳しく義務づけられているために、大企業であるモストトレストが競争入札なしに指名されたもので、セルゲイ・ソビャニンモスクワ市長の要請に基づく決定であった。メドヴェージェフが大統領職を退く直前になされた、「数百億ルーブルにのぼるプレゼント」であったとみられている。一説には、プロジェクトの規模は三〇〇億ルーブルにのぼるという。さらに、多機能複合体「アヴィアパーク」の建設許可も下りており、この四〇万m²もの開発プロジェクトにもモストトレストが従事する。

モストトレストはソチオリンピックの建設請負でも大儲けをしている。ソチ市内の幹線道路の建設や「ソチ―ジュブガ」間の道路建設などを手掛けているほか、すでに紹介したように、ストロイガスモンタージュは同じ区間のガスPL敷設を請け負っている。一説には、ローテンブルグが関係する会社が二一のオリンピック関連施設請負契約、総額二三九〇億ルーブル（約六〇億ドル）を受注したという。因みに、米財務省の調査によると、ソチ五輪向けの契約でローテンベルグ兄弟は七〇億ドルもの契約を獲得したという。

一方で、SZKKの取締役会のメンバーにはゲオルギー・コリャシキンが入っている。コリャシキンはアルカジの息子イーゴリと一〇年以上ともに働いてきた人物で、二〇〇六年には、エンピヴィ・インジニリング社長に就任していた（イーゴリは取締役）。しかも、同年コリャシキンはモストトレストの取締役会のメンバーにもなった。こうした複雑な関係から、N-トランスグループの投資家はアルカジに対して、同グループが五〇％を支配するSZKKへの出資も提案しているとみられている。つまり、「モスクワ―サンクトペテルブルク」間の道路建設のような巨大プロジェクトについても、アルカジが間接的に関与していると推定できる。

それだけではない。SZKKが上記のハイウェイの契約を獲得する背後には、プーチンの関与が強く疑われている。二〇〇九年一一月、プーチンがフランスを訪問した際、プーチンが監査会議議長を兼務するVEB、欧州復興開発銀行、欧州投資銀行、SZKKは、SZKKへの融資議定書に署名した。VEBは五八億ルーブル（一〇〇億ルーブルまで増額可能）、欧州勢は四億ユーロ（約一七二億ルーブル）を融資するものだが、二〇一〇年三月、欧州復興開発銀行は環境問題を理由に融資を拒否した。このため、プーチンが個人的に奔走し、ズベルバンクとVEBが四月、二九二億ルーブルを二〇年間、SZKKに融資する契約に調印した。しかも、両行はSZKKが発行する二〇年債、一〇〇億ルーブルの七割強を購入することになった。社債は国家保証つきで発行されるという破格の条件だ。

一九九八年五月二五日付大統領令によって、国防省の軍事建設総局は公開型株式会社・全地域建設総局ツェントルに再編されたのだが、同社の株式九七％が二〇一二年初め、ラズヴィーチエ・ストロイという会社によって購入された。この会社はローテンベルグ兄弟の支配下にあるから、兄弟は軍事関連の建設会社にも触手を伸ばしたことになる。なお、二〇一二年二月、全地域建設総局ツェントルの恩恵享受者の構成が変更され、SMP銀行副社長のオボレンスキーが六七・五%の持ち分を有することになった。

読者はもう退屈してきたかもしれない。こうした詳細な記述ができるロシア研究者である筆者をFSBはわずらわしく感じたかもしれない。こんな筆者がもっとも注目している動きとしては、アルカジの支配する会社 Bellared Holdings Limited が Marshall Capital という会社から再編中の国営のロステレコム株一〇・七%を二〇一三年二月に購入したことである。売り手の Marshall Capital は、基金 Universal Telecom Investments Strategies の一〇〇%子会社で、企業家コンスタンチン・モロフェーエフの支配下にあった。売却額は三八六億ルーブル前後とみられている。同年三月には、ロステレコムの社長が交代し、セルゲイ・カルギンが新社長に就任した。彼はアルカジに近い友人であるとみられており、ロステレコムをめぐって新しい展開があるものと予想できる。どうやらローテンベルグ兄弟はIT関連産業にも参入しようとしているかにみえる。

二〇一六年四月に入って、アルカジと親しいグリゴリー・バエフスキーなる人物がいて、自分の不動産をプーチンの次女カテリーナ、プーチンの恋人と噂されるアリーナ・カバエワの親戚などに渡していたことが明らかになった。バエフスキーは建設業で利益を得ているが、背後にローテンベルグ兄弟がいる。

4　ユーリー・コヴァリチューク

ユーリー・コヴァリチューク

コヴァリチュークそのものについて説明する前に、すでに説明したティムチェンコが支配する会社トランスオイルCISが銀行「ロシア」（大株主で同行の取締役会議長を長年務めてきたのがプーチンの友人コヴァリチューク）の株式の一〇・二％を保有していることに注目したい。二〇一〇年段階の銀行「ロシア」の株主構成をみると、コヴァリチュークが普通株の三〇・四％（非商業パートナーシップ・企業家イニシアチブ支援を通じて）と三％（別の組織を通じて）の合計三三・四％を保有していたほか、ニコライ・シャマロフ（別荘協同組合オーゼロの共同創設者の一人、本書第1章参照）とドミトリー・ゴレロフが一二・六％ずつ、ゲンナジ・ティムチェンコが九・五七七％（トランスオイルCISを通じて）を保有していた。二〇一五年一二月、トランスオイルCISの持ち株比率は一〇・二％まで上昇した。トランスオイルCISは石油会社スルグートネフチガスのトレーダーを務めるスルグートエクスとの関係をもっている。ティムチェンコとコヴァリチュークはプーチンの友人であり、プーチンが両者の橋渡し役を果たしたのかもしれない。

二〇一五年一二月段階で、これから説明する銀行「ロシア」の株主構成をみると、ほかにもプーチンのいとこの息子、ミハイル・シェロモフの会社アクツェプトが持ち株比率を八月の四・

四％から六・一％に引き上げた。彼の別の株と合わせると、銀行「ロシア」株の持ち株比率は八・四％になる。このあたりがプーチンとのつながりを感じさせるなんとも怪しい部分かもしれない。銀行「ロシア」を支配しているのはＡＢＲマネジメントで、そこに米国による制裁対象となっている、コヴァリチュークやシャマロフの持ち株がそれぞれ三九・八％と一〇・二％が移譲された。シェロモフの支配する会社プラティヌムの二・二七％もＡＢＲマネジメントに移された。ほかに、鉄鋼会社セーヴェルスターリを支配するアレクセイ・モルダショフはセーヴェルグループを通じて銀行「ロシア」株五・八％を保有する。こうして、現在、ＡＢＲマネジメントを中心にして「コヴァリチューク帝国」が形成されている。コヴァリチューク自身はＡＢＲマネジメントの株主諮問会議議長という肩書をもつトップに就いている。

プーチンの盟友

ユーリー・コヴァリチュークはプーチンの旧友で、一九九六年、別荘協同組合オーゼロの共同創設者の一人だった。彼はこれまで、ガスプロムの資産を銀行「ロシア」に譲り受け、銀行「ロシア」を中心に巨大な「ビジネス帝国」を構築してきたのである。

もともと株式会社形態をとった銀行「ロシア」が設立されたのは一九九〇年六月であった。創設資金はソ連共産党中央委員会から出されたものだ。当時のカネで一五〇〇万ルーブル、約八四万ドルであった。設立後、二八〇〇万ドル相当のルーブルが中央委員会の保険資金から預金される一方、当時のレニングラード州の共産党委員会はこの銀行の株式四八・四％を保有した。だが、一九九一年八月のクーデター未遂事件後に、ソ連共産党の崩壊という混乱のなかでこれらの株は凍結されてしまう。残りの株は保険会社ルーシとメディア会社ルースカエ・ヴィデオが保有していたが、それらを所有していたのは共産党関係者だった。うち二人は後にプーチンを支える与党統一ロシアの下院議員となる。混乱期のロシアでなにが起きたかは判然としないが、こうしたなかで、もともとソ連共産党にあった資金をもとに設立された銀行「ロシア」がプーチンの権力形成に大いに役立つことになったのである。

プーチンと銀行「ロシア」とのかかわりはプーチンがサンクトペテルブルク市庁に職を得た最初の一週間にはじまったとされている。一九九一年七月だ。六月一二日の選挙で、恩師であるアナトリー・サプチャークが市長に選出されたため、プーチンはまず対外関係委員会を立ち上げ、その運営を任された。彼は新しい会社の設置のための調整や登録を彼の委員会が行うこととし、その会社に公金をつぎ込みながら、その会社の株の一部を銀行「ロシア」とともに保有するスキームを考え出したのである。対外関係委員会絡みの法律処理にあたったのがドミトリー・メドヴェージェフ首相である（今回の取材のなかで、四月にも、かつて財務相だった盟友、アレクセイ・クドリンが首相となるとの情報を得たが、さてどうなるか）。

一九九一年一二月になって、銀行「ロシア」は営業再開を認められる。レニングラード州委員会が保有していた銀行「ロシア」株は、プーチンの金庫番、コージンを説明したときに記述したサンクトペテルブルク・ジョイント・ヴェンチャー・アソシエーションによって「請け出されて」しまう。このアソシエーションの五人の構成メンバーこそ、表1にあるアンドレイ・フルセンコ、ユーリー・コヴァリチューク、ウラジミル・ヤクーニン、ニコライ・シャマロフ、セルゲイ・フルセンコなのであった。いずれも別荘協同組合オーゼロの共同創設者にも名前をとどめている人物だ。こうなると、きな臭いにおいを感じずにはおられないだろう。

ガスプロムの資産を奪う

ガスプロムの資産がプーチンの友人の所有のもとに譲渡された最初の例として、保険会社・ガス工業（ソガス）が指摘されている。ガスプロムの子会社であったガスプロム銀行は二〇〇四年、ソガス株の五一％を銀行エウロフィナンス・モスナル銀行、セーヴェルスターリグループ、銀行「ロシア」からなるコンソーシアムに売却したが、二〇〇五年になって、五一％の株式が銀行「ロシア」の一〇〇％子会社アブロスに再販されていたことが明らかになった。つまり、ガスプロムの資産がプーチンの友人コヴァリチュークが支配する銀行「ロシア」に売却されたことになる。興味深いのは、銀行「ロシア」がソガスを支配下に置いて以降、ソガスが急成長したことだ。ロスエネルゴアトム（現エネルゴアトム、国家コーポレーション・ロスアトム傘下の企業）や国営企業ロシア鉄道などが保険契約を締結した結果である。ソガスは自動車運転者への強制加入を前提とする義務的自動車運転責任保険でもシェアを高めている。二〇一二年第1四半期には、急速に成長している独立系ガス会社ノヴァテク（前述したティムチェンコの投資する会社である）もソガスと協力関係を結んだ。プーチン人脈同士の協力関係が強化されていることになる。

ソガスは二〇〇六年八月、ガスプロムの非国家年金基金ガスフォンドを受託している受託会社リーデルの七五％プラス一株を購入した。この買収前に、ガスフォンドの理事長には、別荘協同組合オーゼロの共同創設者の一人で、銀行「ロシア」の大株主ニコライ・シャマロフの息子、ユーリーが就任していた。ガスプロム銀行は二〇〇六年末、ガスフォンドに属していた電力会社モスエネルゴ株一九・八七％と交換にガスプロム銀行株二四・九％をガスフォンドに売却した。その後、ガスフォンドはガスプロム銀行株五〇％プラス一株を所有するようになる。

コヴァリチュークの「マスコミ帝国」

コヴァリチュークが銀行「ロシア」の取締役会議長（会長）を退くにあたり、ソガスやナショナル・メディア・グループの株式は、二〇一一年一二月二九日に設立されたＡＢＲマネジメントという会社に移された。コヴァリチューク自身はこの会社の株主諮問会議を主導している。二〇一二年七月の情報によると、連邦反独占局は、銀行「ロシア」の普通株一〇〇％をＡＢＲマネジメントが取得することを認めた。この報道では、銀行「ロシア」およびその資産であるソガスやナショナル・メディア・グループが特別に設立された管理会社であるＡＢＲマネジメントに移譲されるという。

他方、ガスプロム銀行は二〇〇五年七月、ガスプロムから一〇〇%子会社ガスプロム・メディアを一・六六億ドルで購入していた。二〇〇七年になると、ガスプロム・メディアの価値は七五億ドルにのぼったという見方があるから、猛烈な安値でガスプロム銀行に売られたことになる。

ここで、コヴァリチュークの「マスコミ帝国」構築について詳しく考察してみたい。銀行「ロシア」は一九九六年に「サンクトペテルブルク通報」の株式を購入した。二〇〇五年一〇月には、サンクトペテルブルク市はテレビラジオ会社「ペテルブルグ」(5チャンネンル)の支配株の売却を決め、これを銀行「ロシア」の投資会社が二五〇億ルーブルで購入した。二〇〇七年一一月、当時、大統領だったプーチンは大統領令で同社を「全ロテレビラジオ組織」という地位とすることを決めた。これにより、同社は人口二〇万人以下の地点での放送普及に国家から財政支援を受ける権利を与えられた。

二〇〇六年一二月、銀行「ロシア」はセーヴェルスターリ(モルダショフが支配)とスルグートネフチガス(ボグダノフ社長)からRENTV株五六%を購入した。二〇〇七年七月、コムソモーリスカヤ・プラウダの取締役会議長に、バルト・メディア・グループのトップで銀行「ロシア」の共同保有者、オレグ・ルドノフが就任した。彼はコヴァリチュークのパートナーでもある。

コヴァリチュークは、二〇〇八年二月に設立されたナショナル・メディア・グループ(NMG)にメディア資産を統合することにした。NMGの支配株を銀行「ロシア」が保有したほか、モルダショフやボグダノフも株主になった。NMGの傘下には、テレビラジオ会社「ペテルブルク」

やRENTVが入った。きわめて興味深いのは、NMGの設立後、グループに付属する形でビジネスと社会との間のバランスをとるために社会会議が設置され、その代表にアリーナ・カバエワが選出されたことである。彼女は統一ロシアに属する下院議員だったが、プーチンと親しい関係にあるとの噂が絶えない人物である。形式的には、当時、下院青少年員会副議長であった彼女に白羽の矢が立ったとされている。

二〇〇八年五月、コヴァリチュークの事実上、支配する銀行「ロシア」はイズベスチヤ株の五〇・一九%を買収した。同月、新聞「生活」などを発行するニュースメディアの共同所有者であったボリス・フョードロフは同社株四九%を売却することを決めた。コヴァリチュークは七月、これを八〇〇〇万ドルで購入した。同年四月、NMGはケーブルTVとインターネットのオペレーターである、ナショナル・コミュニケーションを買収した。

二〇一〇年末、NMGは第一チャンネル株25%を保有していた、ロマン・アブラモヴィッチが支配するミルハウス（Millhouse）から同株を一・五億ドルで買収した。二五%を保有していたRastrkom-2002という会社の持ち分一〇〇%の買収という形で実現したものだ。第一チャンネルは元ロシア公共テレビとして全国にネットワーク網をもっており、コヴァリチュークは大きな影響力を行使できる立場にたったことになる。さらに、二〇一一年四月、NMGはアルファグループからSTSメディア株二五%を購入した。同年七月には、コヴァリチュークの関連組織はラジオ局ロシア・ニュース・サービスを買収した。

二〇一二年になって、ガスムロム・メディアが株式の過半数をもつラジオ局「モスクワのこだま」の二人の取締役の更迭と、それに抗議する二人の取締役の辞任というスキャンダルが起きた。他方では、二〇一五年に、大規模な広告代理店として有名なビデオ・インターナショナルが銀行「ロシア」の傘下に入ったことが明らかになる。

このように、コヴァリチュークはもともとガスプロムの子会社として同社の資産であったとみなすことのできる、ガスプロム・メディア、さらにガスプロム銀行の資産であったソガスなどを支配下に置き、大きな利益を得ることができる体制を構築した。ほかにも、ガスプロム銀行、シブルといったガスプロムの資産を傘下に置くことに成功している（詳しくは拙著『ガスプロムの政治経済学』（Kindle版）を参照）。逆に言えば、この過程でガスプロムは六〇〇億ドル強の価値をもつ資産に対する支配権を奪われたことになるという見方さえある。いずれにしても、ガスプロム銀行が新規株式公開（ＩＰＯ）の実施を計画するなど、今後、コヴァリチュークの「ビジネス帝国」の傘下にある企業のＩＰＯを通じて、ますます多くの資金がこの帝国に流れ込むだろう。

新たな展開と挫折

近年、コヴァリチュークが注目しているのは道路建設だ。コヴァリチューク支配下のFarn-combe Ltd.はキプロスに二〇〇七年秋に登録された会社で、「グラヴナヤ・ダローガ」と「スタリーチヌイ・トラクト」を一〇〇％子会社としていた。いずれも道路建設請負業者だ。モスクワからサンクトペテルブルクやベラルーシのミンスクに向かうハイウェイ建設が計画されており、多額の連邦予算資金が投入されることから、これらの請負業者は長期間にわたって道路建設から利益を得ようと目論んでいる。請負業者の選定に際しては、不可思議な入札が実施されており、ここでもプーチンの「友人」が有利な状況にある。

　忘れてならないのは、ユーリーの息子ボリス・コヴァリチュークが公開型株式会社「インターRAO EES」の社長に二〇一〇年から就任したことである。同社の会長（取締役会議長）には、二〇〇八年一二月、プーチンの腹心であるセーチンが就任しており、同社株の五七・三％は国家コーポレーション・ロスアトムとその傘下にあるエネルゴアトムが保有している。なお、セーチンは二〇〇八〜一一年に会長を務めたが、その後、いったん、辞任した。

　注目されるのは、ローテンベルグ兄弟と同じくコヴァリチュークもＩＴ分野をねらっている点だ。二〇一三年秋、銀行「ロシア」はセーヴェルスターリのモルダショフとともに携帯電話の運営会社である「ロシア・テレ２」（Tele2）株五〇％を買収したのである。

　このように拡大をつづけてきたコヴァリチュークの「ビジネス帝国」だが、二〇一四年三月の米国による制裁で、コヴァリチューク本人だけでなく、銀行「ロシア」まで制裁第一弾に含まれて以降、「コヴァリチューク帝国」は挫折し、戦略の練り直しを迫られている。銀行「ロシア」はガスプロムにソガス株一六・二％を売却し、ソガスの持ち株比率を三二・三％まで低下させた。ソガスも前記のリーデル株三五％を売却し、ガスプロム銀行の共同保有者から離脱した。

5　ニコライ・シャマロフ

すでにプーチンの二人の娘については少しだけ触れたが、ここではこの二人について考察するところからはじめよう。

姉のマリヤは一九八五年四月二八日生まれで、今年三一歳になる。サンクトペテルブルク大学で生物学を学んだ後、モスクワ大学で医療を研究し研究者の道を歩んでいるとされる。彼女はすでにヨリト・ファーセンというビジネスマンと結婚しており、一時、オランダに在住したが、現在、モスクワに住んでいるとみられている。

妹のカテリーナは一九八六年八月三一日生まれで、ロックに合わせてダンスをする競技に取り組むなど、活発な女性として知られている。ニコライ・シャマロフの項でプーチンの娘を取り上げたのは、このカテリーナがニコライ・シャマロフの次男キリルと結婚しているのではないかとの観測があるからだ。二〇一三年に結婚したとみられる。なお、彼女の名づけ親とされるチェリスト、セルゲイ・ロルドゥギンは銀行「ロシア」株、ノヴァテク株などの保有で巨利を得てきた。

父ニコライ・シャマロフ

ニコライ・シャマロフとドミトリー・ゴレロフは、ともに「プーチン宮殿」として有名になっ

ニコライ・シャマロフ

た、不可思議な建物をめぐる腐敗に登場する人物である（「プーチン宮殿」については拙著『プーチン2・0』を参照）。一九九一年、プーチンはサンクトペテルブルク市で対外関係委員会の議長を務めていたのだが、医療機器を買い付けるために、市がペトロメドという会社を設立することになった。この際、ペトロメド社長に就任したのがゴレロフであった。他方、対外関係委員会で医療買付を担当していたのがシャマロフだ。彼はすでに指摘したように、別荘協同組合オーゼロの共同創設者の一人でもあった。

シャマロフは一九九二年から二〇〇八年まで、シーメンスの北西部医療機器部門のトップとして勤務しており、長男ユーリーも一九九七年から二〇〇三年まで、モスクワのシーメンス医療機器販売部の副部長として仕事をしていた。ドイツのシーメンスは二〇〇八年、米国の公聴会で、二〇〇〇年から二〇〇八年までにロシアにおいて、国家発注を受けるために五五〇〇万ドルを賄賂として支出したことを明らかにしたのだが、この賄賂はとくに、医療機器に絡んで賄賂が使われたもので、ニコライとユーリーの親子が関与していたことは確実だろう。プーチンが大統領に就任した二〇〇〇年にシャマロフはプーチンの依頼のもとに、名目上、サンクトペテルブルクの医療機関向けに医療機器を購入し、その取引額の三五％をオフショアの口座に移し、それをシャマロフが管理するという「ビジネス」を開始したとされている。この資金を提供したのが企業家アブラモヴィッチや鉄鋼メーカー、セーヴェルスターリを主導するモルダショフであった。こうした形で蓄積された資金はロシア国内に還流され、プーチンの直接的な裁量のもとで投資に振り向けられていた。シャマロフとゴレロフは銀行「ロシア」の株主でもあったことも指摘しておこう。

蓄積された資金の投資のために二〇〇五年に設立されたのがロスインベストという会社である（二〇〇〇年初めに設立されたという情報もある）。「プーチン宮殿」のプロジェクトもこの会社が主導した。このプロジェクトには、二〇〇九年一〇月までに、一〇億ドルが支出された模様だ。二〇〇九年に、このプロジェクトにかかわるすべての設備や土地の所有権はIndokopasという会社に移された。Indokopas社はRirusという会社を通じて支配されており、その唯一の所有者はシャマロフだった。二〇〇五～二〇一〇年に、プロジェクトのための道路や電力網の整備などに数十億ルーブルの公的資金が支出された。

ロスインベストは、ヴィボルグ造船工場にも投資し、その二五％を取得した。それは、同工場に基づいて設立された、大型船や石油採掘のためのプラットフォームを建造するための造船所、沿海造船所に対するものだった。三八〇億ルーブル規模のプロジェクトであった。国営のVEBによる六〇％の資金供給が義務づけられた。さらに、サンクトペテルブルクの空港プルコヴォ-2に投資していたロスアヴィアインベスト株の四〇％強もロスインベストの投資対象であった。

ところが、二〇〇八年秋のリーマンショック後、投資がうまくゆかなくなり、各種プロジェクトが断念され、ロスインベストも清算されてしまった。二〇一一年三月には、「プーチン宮殿」もアレクサンドル・ポノマレンコに売却された。宮殿やその周辺を含む土地をもつ二社が売却されたもので、彼は、二〇一〇年に二〇億ドル強で売却されたノヴォロッシースク海洋貿易港の共同保有者だった。七、八割建設されていた「プーチン宮殿」をめぐる取引総額は三億五〇〇〇万ドルだった。二〇一一年七月には、シャンパン醸造会社アブラウ・ドュルソの経営者が葡萄栽培向けに土地部分をポノマレンコから取得することになった。

一方、二〇一二年二月、上記のヴィボルグ造船工場は一八億ルーブルで統一造船コーポレーションに売却された。沿海造船所は二〇一二年一月に破産と認定された。ロスインベストの保有していたロスアヴィアインベスト株四〇％は、シャマロフが株式の二五％を有するインベストヴェリタスに移された。シャマロフは、空港プルコヴォ-2のターミナルセンターの建物を購入したアヴィア・グループ・ノルドの二五％を保有するようになった（残りはティムチェンコがキプロスのUnidream Holdingsを通じて保有）。

ビジネス・ターミナル・空港プルコヴォ-3が二〇一二年六月、オープンした。この所有者は前記のロスアヴィアインベストだ。同社株の六〇％はモスクワのヴヌコヴォ空港を共同保有者ヴァンツェフの支配するアヴィアプロエクトが保有し、四〇％はインベスト・ヴァリタス社が保有している。インベスト・ヴァリタス株の二五％はシャマロフに属している（上記のロスインベストが清算されるまで、同社株の九九・九九％を保有していた）。

石油化学会社「シブル」と次男

次男のキリルは「シブル」という石油化学会社の副社長を務めている。まだ三〇代前半の若者がなぜ大企業の幹部になれたかというと、もちろん、父ニコライのおかげである。

レオニード・ミヘルソンという人物がいる。彼の父親はPL建設で有名な人物（クイブシ・パイプライン建設社長）であったことから、ミヘルソンもガスPL建設に従事した。同社は一九九一年に株式会社サマラ国民会社ノヴァに改組した。ミヘルソンは同社株一五％を取得。一方、一九九四年、管理会社としてノヴァフィンイベストが設立され、この会社がノヴァテクの前身となった。ノヴァテクは一九九〇年代の末、東タルコサリンスク鉱区でガス採掘を始めた、タルコサレネフチガスの株主となり、国際会社グループ・イテラとの関係を深めたことがタルコサレネフチガスの拡大につながった。このため、二〇〇二年には、ノヴァテクとイテラが合併することが検討されたが、ガスプロムはガスプロムのパートナーになるようノヴァテクのミヘルソンを説得した。この結果、ノヴァテクは二〇〇四年、タルコサレネフチガスのほか、ハンチェイネフチガスなどの株主であったTNG Energyの持ち分五〇％をイテラ関連組織から買収し、年間ガス採掘量二一〇億㎥の会社にまで成長した。ガスプロムの経営陣がヴャヒレフからミレルへ代わるなかでも、ミヘルソンはガスプロムとの関係をうまく維持してきた。その延長線上に、ティムチェンコとの協力関係が構築されたことになる。

他方で、ミヘルソンはもともとガスプロムの支配下にあった石油ガス化学会社シブル・ホールディングを支配するまでに至る。二〇一一年一〇月、ミヘルソンが株式の五七・五％、ティムチェンコが三七・五％を保有する、Dellawood Holdings Ltd.（キプロスに登録）がシブル・ホールディング株四九・九八％をガスプロム銀行から買収したことが明らかになった。この時点までに、Dellawood Holdings Ltd. の一〇〇％子会社がシブル・ホールディング株五〇・〇二％を保有していたから、これでミヘルソンを中心に、シブルを支配することが明確になった。こうして、ノヴァテク、シブル・ホールディングを中心にして、ミヘルソンとティムチェンコの資産統合がさらに進展するのではないかとみられている。

その端緒として、二〇一三年六月、ノヴァテクは石油製品をウスチ・ルガ港からブラジルの会社向けに輸出した。ノヴァテクは徐々に大規模なエネルギー総合会社に近づきつつあることになる。そして、それはロシア政府の国益にも合致する。なぜなら、ガスプロムの突出を抑えながら、海外との取引が容易に可能となるからだ。もちろん、旧友であるティムチェンコを絡ませることで、プーチン自身の私益追求にもつながる。シブル・ホールディングについては、同年七月になって、ミヘルソンとティムチェンコが保有する同社株を九四・五％から八二・五％に減らし、その一二％分を同社の経営陣に売却したことが明らかになった。その後、ミヘルソンの過半数にのぼるシブル株保有は変わらないが、ティムチェンコの持ち株比率は一五・三％まで低下した。低下分を補う形でキリルの持ち株比率が二一・三％となった。もちろん、父親の尽力でキリルは大株主になれたわけだが、こうした説明から、ここに登場する人物がいかに濃密な関係にあるかがわかるだろう。つまり、この関係を利用して、プーチンが個人資産を隠すことは容易であろうと推測することができる。現に、彼の娘たちもこの関係のなかに組み込まれ、「プーチン・ファミリー」の家産をより増やそうとしているように思われるのである。

言ってみれば、田中角栄を数十倍にしたような規模でプーチンは腐敗にまみれている。筆者はこのことを「ロシアと日本における腐敗の比較」というタイトルで二〇一一年一二月、モスクワで開催された日ロ学術会議の場で名指しで批判したことがある。ロシア語で報告したから、興味をもってくれたイズベスチヤの記者の取材を受け、その記事は少なくともイズベスチヤの電子版に掲載された。

6 マフィア人脈とアレクサンドル・リトヴィネンコ殺害

第3章の最後に、もっと深刻なプーチンの裏の顔を明らかにしたい。二〇〇八年にスペインでサンクトペテルブルクに本拠を置く「タンボフ・マルシェフ組織犯罪グループ」のリーダーと目される人々が逮捕された。そのなかには、ゲンナジ・ペトロフやアレクサンドル・マルシェフが含まれていた。さらに、統一ロシアの共同議長だったヴラディスラフ・レズニクが国際手配された。スペイン政府はペトロフやロシアの組織犯罪とかかわっている検察官、将校、政治家をリストアップした。そのなかには当時の現職閣僚四人が含まれており、アナトリー・セルジュコフ国防相（当時）はペトロフときわめて近い関係にあると指摘されていた。

同じころ、米国政府高官は「FSBがロシアのマフィアを「吸収」し、ロシア領内での作戦の代償として黒い作戦に彼らを使っている」とみていた。これが本当であるとすれば、筆者はとんでもない連中ににらまれてしまったということになる。

ロシアの政府に批判的な新聞である『ノーヴァヤ・ガゼータ』（二〇〇八年七月一六日付）によれば、銀行「ロシア」株二一・二％がペトロフとその仲間のセルゲイ・クズミンによって直接保有され、一四・二％はアンドレイ・シュムコフ、クズミン、ペトロフに関連する会社によって所有されていた。一九九八～九九年の話である。これが事実であれば、銀行「ロシア」を通じて、プーチンもマフィアとつながっていたことが推定できるだろう。

プーチンの主導していたサンクトペテルブルクの対外関係委員会がペトロフやマルシェフら、マフィア幹部の海外渡航に便宜をはかってきたという事実がある。「白夜祭協会」なる団体がバックについてその理事会メンバーにマフィアが入り込み、文化事業の一環として海外に向かうという仕組みであった。こうすることで、相手国からビザが得やすくなったというわけである。外交上、いわゆる「重要な公的地位を有する者」（Politically Exposed Persons）の扱いを受ける抜け道を使うのだ。

ペテルブルク燃料会社もプーチンとマフィアをつなぐブラック・ボックスとなっている。同社は一九九四年に銀行「ロシア」を株主に含める形で設立された。コヴァリチュークとシャマロフが設立にかかわった。表1に収載されているウラジミル・スミルノフが同社の取締役会議長（会長）の職に就き、ウラジミル・クマリンが副社長を務めた。クマリンこそタンボフ・マフィアのトップとされる人物である。

本章の最後に、プーチンによって殺された疑いが濃い、アレクサンドル・リトヴィネンコについてのべておきたい。英国議会の命令によって議会に報告するためにロバート・オーエン議長によって作成された「リトヴィネンコ調査：アレクサンドル・ロトヴィネンコの死への報告書」が二〇一六年一月に公表された。それによると、彼の毒殺に使われたものがポロニウム二一〇という入手困難な物質であり、その殺害はロシアのFSBの作戦として実行されたものであったと結論づけた。ゆえに、その作戦は「パトルシェフ氏（現安全保障会議書記で元FSB長官）やプーチン大統領によって承認されたものだろう」と結論づけている。

リトヴィネンコ殺害事件は二〇〇六年一一月、英国で起きた。リトヴィネンコはFSB職員だった。FSBの上司に政商ベレゾフスキー暗殺を命じられ、それを断ってその経緯を公表したリトヴィネンコは二〇〇六年一一月、ポロニウム二一〇という放射性物質を使って暗殺された。当初はタリウムとみられていた毒物が放射性同位元素ポロニウム二一〇という物質であることがわかって、ロシア政府の関与が強く疑われるに至った。ポロニウム生産の九七％はロシアで行われ、工業使用目的で米国にも輸出されていたからだ。ポロニウムは放射性物質だから、痕跡を残す。その調査の結果、英国は元KGB職員で実業家のアンドレイ・ルゴボイを犯人と特定した。

ルゴボイの引渡しを求める英国に対して、ロシアは憲法六一条の「ロシア市民は外国に引き渡されることはない」という規定を盾に応じていない。その一方で、英国はロシアが引き渡しを求めている政商ベレゾフスキーらの引き渡しに応じなかった。そのため、外交官四人の相互追放、ビザ照会業務の一時停止などの措置が取られ、両国関係にきしみが生じている。

リトヴィネンコ暗殺は、ＦＳＢを裏切った者に対しては、死さえ待ち構えているとする掟を見せつけている。とくに、彼は命令を守らなかっただけでなく、ＦＳＢに対する「裏切り」も行ったという見方ができる点が重要だ。彼は、一九九九年九月二二日にモスクワ南方のリャザン市で起きたアパート爆破未遂事件がＦＳＢの「演習」だったとされた事件を、ＦＳＢのでっち上げと糾弾してきたのである。そのころ相次いでいた爆破事件そのものがＦＳＢの配下によるもので、これをチェチェンへの攻勢強化さらにプーチン人気に結びつけようとした、と彼は主張した。

気になるのは、二〇〇六年七月二七日付連邦法で、連邦保安局法の第九条一項を改正し、大統領の決定に基づいてＦＳＢの特殊部隊を、ロシア連邦の安全保障上の脅威を取り除くために海外に派遣できるようになったことだ。国外にいるテロリスト集団の暗殺を目的として特殊部隊を国外に派遣できるようになったことになる。まさか、プーチンがこの法律を使ってリトヴィネンコ暗殺を命じたとは考えにくいが、英国の報告書にあるように、プーチンが暗殺を最終的に承認した可能性は大いに残されている。

リヤザンでの「演習」の虚実

実は、このリャザン市で起きた事件がニコライ・パトルシェフ（後述）とプーチンの関係に大いにかかわっている。だからこそ、この事件のあらましについては、すでに拙著『ロシア経済の真実』や『ネオKGB帝国』のなかで説明ずみだが、ここで再論しておこう。

大元になっているのはリトヴィネンコとユーリー・フェリシチンスキー（一九七八年に米国に移住したロシアの歴史学者）共著のロシア語と英語の本だ。二〇〇七年になって、これらの本をもとに改めて出版された英語の本 *BLOWING up RUSSIA The Secret Plot to Bring Back KGB Terror* という本の日本語訳が出版された。リトヴィネンコ暗殺に興味をもった中澤孝之監訳の本として日本語で読むこともできる。

一九九九年九月、ブイナクス、モスクワ、ヴォルゴドンスクで爆弾テロが起きた。九月二二日夜には、リャザン市で不可思議な事件が起きた。サッカークラブの運転手がアパートで不審車および不審な動きをする男女を見つけ、警察に通報した。警察が現場を調べてみると、アパートの地下室で五〇キロの砂糖袋三つを発見した。砂糖袋には、バッテリー三個、電子腕時計、手製の起爆剤からなる簡素な起爆装置が仕込まれていたという。爆破予定時刻は翌朝午前五時半であった。爆弾処理班は起爆装置を処理し、袋には、ヘキソゲンという爆薬があったという。こうして、「リャザンで爆弾テロを阻止。アパートの地下室で警察が粉砂糖とヘキソゲンの入った袋を発見」というニュースが発信されたのである。

九月二三日午後七時、ヴェースチというニュース番組が、「本日、プーチン首相はグローズヌイ空港の空爆を発表した」と伝えた。リャザンでの爆破未遂事件がチェチェンのテロリストの犯行であるとみなし、あたかも制裁措置に踏み切ったかのような印象をあたえる行動だった。同日、FSBの広報センター長のズダノヴィッチ将軍は独立テレビの番組に出演が決まっていた。このなかで、彼はヘキソゲンが確認されなかったことや実物の起爆装置は入っていなかったと力説した。にもかかわらず、これがFSBによる「演習」であったとも、まったく言わなかった。

FSBの不可思議な対応は、リャザンでの潜伏中の「テロリスト」の捜査で、爆弾をしかけたと思われる「テロリスト」が何とFSB本部に電話をしていたことがわかったことに関係している。もはやFSBが爆破未遂事件と無関係といい逃れることができなくなったのだ。その一方で、砂糖袋はFSBの手に回収されていた。こうしたなかで、FSBのパトルシェフ長官（当時）は二十四日、事件はFSBによる「演習」であったと発表した。

悪く勘ぐれば、証拠品を手にしたFSBは「FSBによるテロ」という事実を隠すために、「演習」と強弁したことになる。「テロリスト」がFSBと連絡をとっていたという事実が覆い隠せない以上、「演習」といわざるをえない状況に追い込まれていたともいえる。

FSBがテロを行っていたとすれば、そのねらいは、犯行をチェチェンのテロリストにみせかけて、チェチェンへの憎悪を煽り、プーチン首相（当時）の断固たる強硬姿勢に国民の支持を向かわせるというものだ。

このアパート連続爆破事件の真相を探ろうとしたユシェンコフとシェコチヒンの下院議員二人は殺害された。ジャーナリストのポリトコフスカヤやリトヴィネンコの殺害も、彼らがこの事件を明るみに出そうとしていたことと関係している。こう考えると、この事件にきな臭いにおいが漂っているのは確実だ。だからこそ、二〇〇八年五月、爆破事件の犠牲者家族がメドヴェージェフ大統領（当時）に真相究明を求めたのは当然の動きだろう。

一説には、FSBの下部職員が一連のテロにかかわっていたのは事実だが、それをパトルシェフ長官もプーチンもまったく知らなかったという。ただ、この事実は公表できないほど重大な問題であったため、ひた隠しされたというのだ。この事情を知ったベレゾフスキーはこの事件がいかにもパトルシェフやプーチンの陰謀として仕組まれたかのように喧伝した。こうした説明をしても、FSBは決して「テロ事件」への関与を認めないことがわかっていたからである。

もちろん、FSBが実際にテロを行っていたかどうかはわからない。ただ、絶対的忠誠心を前提とするFSBにあっては、上官の命令は絶対であり、たとえ自国民を数百人殺害することになっても、その命令は実行されなければならないのだ。しかも、その行動は「国家機密」として永遠に葬り去られなければならない。この機密を暴こうとしたリトヴィネンコは、FSBにとって裏切り者であり、「ブラーグ」（敵）となったのである。

立件できなかった事例

ロシアにも検察機関などの監視組織が存在する。ゆえに、プーチンを取り巻くさまざまな不正に気づいていた人物はいる。その代表格がマリーナ・サリエーという「ロシア民主主義の祖母」と呼ばれる女性である。彼女はもともと地質学者であったが、ソ連時代末期、プーチンの師、サプチャークのように高い尊敬を集めた民主主義運動のリーダーに転じた。彼女は一九九〇～九三年の間、レニングラード市議会の議員となり、食糧委員会議長となった。このため、彼女はプーチンが責任者として行っていた石油製品輸出と食料品輸入とをバーター取引とする対外関係委員会の活動に疑念をいだくようになる。たとえば、一九九一年夏、彼女が同委員会議長として九〇〇〇万独マルクの食肉を輸入するための契約を締結しようとドイツを訪問したとき、すでに契約済みと聞かされたのだ。しかし、その肉は同委員会の手元には届かなかった。どうやらプーチンは独断でドイツとバーター取引し、手にした食料品をどこかに横流ししていたようなのだ。

サリエーは通称、「サリエー委員会」と呼ばれる調査委員会を設置し、プーチンの活動を調べはじめた。すると、プーチンが一九九一年夏以降も、権限のないままに石油などの天然資源を輸出し食料品を輸入するバーター取引を行っていることが明らかになったのである。たとえば、一九九一年一二月四日、中央政府の承認のないまま取引を進めるためのライセンスを発行していたことが明らかになる。当時のガイダール経済担当副首相が実際に許可を出したのは一九九二年一月二八日だった。実際には、中央政府の許諾のもとにはじめて地方政府がこうしたバーター取引を法律上、認められていたのにもかかわらず、プーチンはまったく独断で勝手に取引を再三にわたって実施していたとみられている。こうして、同年、サンクトペテルブクに改称後の市議会議長、アレクサンドル・ベリャエフはサリエー委員会の市議会報告に基づいて一九ページにわたる最終報告書を準備した。その結論はプーチンの行為が「法律違反において度重なるもの」と結論づけている。だが、プーチンは結局、この嫌疑を握りつぶすことに成功する。それどころか、一九九四年三月に、プーチンは第一副市長に昇格する。このころ、すでにサプチャークがプーチンに取り込まれ、同じ穴の狢と化していたことは明らかだ。

ほかにも、サンクトペテルブルク市の基金（Twentieth Trust）を使ってスペインに個人的な住居を建てた嫌疑も浮上したが、これも立件を免れた。プーチンが二〇〇〇年五月に大統領に就任すると、もはや彼を立件することは不可能となった。同年八月三〇日、当時のウラジミル・ウスチノフ検事総長は命令を出し、プーチンを含むサンクトペテルブルク市の政府の贈収賄捜査の停止を命じたのである。

こうしてみてくると、プーチンだけが一人、悪者のように思えてくる。だが、本当は主権国家という「リヴァイアサン」そのものに恐ろしさが潜んでいる。その話を第4章で展開しよう。

補論　オバマ米大統領の仲間たちと「腐敗」

念のために、オバマの仲間たちと「腐敗」についても紹介しておきたい。プーチンのひどさを強調すればするほど、オバマの米国がまともだと勝手に誤解する読者がいるかもしれないからである。後述するように、「政府は失敗」しているのであって、その背後には民主主義自体の不徹底があるのだが、ここでは、プーチンほどではないにしても、オバマ政権も「腐敗の文化」を背負っているとんでもない政権であることを示しておきたい。ここでの記述はミシェル・マルキン著『腐敗の文化：オバマと税金詐欺師、ペテン師、とりまきからなる彼のチーム』（二〇〇九年）のペーパーバック（二〇一〇年八月）を大いに参考にしている。著者はフィリピン系米国人二世の女性だ。保守系のケーブルテレビFOXニュースのコメンテーターなどを務めているから、共和党系のジャーナリストだろうが、なかなか興味深い「真実」を教えてくれている。

ペーパーバック版へのボーナスとして追加された「ホイッスルブローアーへのオバマの戦争」と題された章では、アメリコープス基金の資金使途にかかわる不正を捜査していたゲラルド・ワルピンが二〇〇九年六月一一日に倫理・政府改革担当の大統領特別顧問、ノーマン・アイゼンによって解任された事実が紹介されている。ワルピンはジョージ・W・ブッシュ大統領によって二〇〇七年にアメリコープス（連邦政府が支援する市民社会プログラム）を監督する監察官室のトップに任命された人物で、彼の仕事は政府プログラムにおける無駄、詐欺、濫用を根絶させることであった。サクラメント市長に二〇〇八年に選出されたケヴィン・ジョンソンというNBA元バスケットボール選手がアメリコープス基金の不正使用にかかわっているとの嫌疑を捜査していたころの出来事だ。平たく言えば、オバマは大統領就任後、自分の熱狂的支持者であったジョンソンを救うため、ジョンソンがかかわる不正捜査を露骨に妨害する挙に出たのである。これがオバマの本性なのだ。

ロビイストに取り囲まれた、ロビイスト嫌いのオバマという矛盾

拙著『正しい民意の伝え方』(仮題)でも紹介する予定だが、オバマのとりまきにはとんでもない人物が多数いたし、いまでもいる。実は、オバマが大統領に就任して最初に出した行政命令はロビイスト規制にかかわるものだった。

①登録されたロビイストないしロビイスト組織から任命期間中、贈物を受け取らない。

②任命日から二年間、過去の雇用主ないし過去の顧客に直接・実質的に関係する、特定の当事者に絡むいかなる問題にも関与しない。

③任命日の前、二年間にロビイストとして登録していた場合、任命日から二年間、任命日の二年前までの期間にロビイ活動した、いかなる問題にも関与しないし、その特定の問題がかかわる特定問題分野にも関与しない。

④政府の仕事を辞めてから、二年間、自分の勤務した機関の職員との対話に関する退職後規制に従う。

⑤退職後、政権内の官僚にロビイ活動しない。

といった内容のものだが、オバマ大統領が任命した新チームには大統領の行政命令と食い違う点があることが明らかになる。ロビイストとして働いてきた二人が政府で働くことになったのである。一人はウィリアム・リンⅢであり、彼は二年を待つことなく国防総省次官のポストに就いた。もう一人はマーク・パターソンで、ティモシー・ガイトナー財務長官のスタッフ長になる。パターソンは投資銀行ゴールドマン・サックスのためのロビイストであったが、同行が政府から数十億ドルにのぼる支援資金を受け取ってから一カ月後にこの職に就いた。どうみてもオバマのいっていることとやっていることはちぐはぐな印象を与えた。加えて、トム・ダシュルという前上院議員を健康・人的サービス担当長官に任命したことも問題になる。彼は二〇〇四年の上院選で再選を果たせなかった後、ロビイストに登録したわけではないが、ワシントンの法律事務所の「戦略アドバイザー」となり、年間一〇〇万ドルの報酬を受けていた。顧客の利害を守ったり、利害実現に助成したりしており、実質的にはロビイストと同じような活動をしていたのである。しかも、健康産業にかかわる特別の利害のために活動をしてきたという。彼の場合は脱税まがいの行為なども暴露され、結局、二〇〇九年二月に任命を辞退した。

いわば、「腐敗」まみれの人物がオバマを取り囲んでおり、それを許すオバマも「腐敗」まみれであることは想像に難くない。その証拠として、ミシェル夫人の行状も『腐敗の文化』に紹介されている。一時、ミシェルの秘書官だったデジレ・ロジャースは二〇〇四〜〇八年にシカゴでガス事業施設一一億ドルをもつ会社のトップだったのだが、その親会社が複数の罰金を科される事態となった際、彼女が二〇〇八年の一時期、二つのガス会社の社長というだけで一〇〇万ドル以上を荒稼ぎしていたことが二〇〇九年四月に明らかになった。その後、彼女はソーシャル・ネットワーキング部門の社長としてオール・ステイト・フィナンシャルから三五万ドルを稼ぎ、同時にエクイティ・レジデンシャル取締役として一五万ドルも手にしていた。どうやら、わけのわからないカネを得ている人物がミシェルの側近であったことがわかる。

あるいは、ヴァレリ・ジャレットという女性法律家は、大統領の上級顧問を務めているが、彼女もまたミシェルのとりまきの一人であり、野望に充ちた人物だ。二〇一六年のオリンピック開催地の決定をめぐって立候補していたシカゴの開催決定のために暗躍したり、シカゴ大学の医療センターのポストをミシェルが得るのを支援したりと、なにやらカネにまつわる動きをしていた。

胡散臭いバイデン副大統領

ジョー・バイデン副大統領もまた相当にグレーな人物として知られている。デラウェア州選出の上院議員であったことがまず胡散臭い。連邦制をとる米国では、企業の本社を誘致し州の発展をはかる競争が激化し、それが州をタックスヘイブン化させることになったという特徴がある。

ただ、各州における企業への課税は相対的に低かったため、こうした税率の引き下げ競争よりむしろ企業設立の簡素化や、企業の買収などを許可したり、親会社と子会社間の取引を認め、移転価格を利用した節税を認めたりすることで、企業誘致をはかる州が出てきた。

具体的には、一八七五、一八九六、一八九九年にこうした企業関連法を相次いで制定したニュージャージー州であった。これを見習って、デラウェア州も一八九八年に法律を制定し、企業が独自に統治ルールを定めることを認めた。この伝統がいまでもデラウェア州に息づいており、とくに、クレジットカード関連の子会社の設立がさかんに行われてきた。

スポーツチーム名などのブランドをつけた「アフィニティ・カード」で急成長したＭＢＮＡというカード発行会社（二〇〇六年にバンク・オブ・アメリカによって買収）とバイデンとの蜜月が際立っていた。一九九三年以降、同社はバイデンの選挙資金の最大の寄付者であった。一九九六年にはバイデンの次男ハンターがＭＢＮＡに入社し、その後、クリントン政権下の商務省で電子取引法務にかかわるが、二〇〇一年にはＭＢＮＡのコンサルタントに復帰する。二〇〇五年まで、「インターネットとプライバシー法」にかかわるアドバイスをすることで毎年一〇万ドルを得ていた。ハンターは二〇〇二年にオルダカー・バイデン・ベルエアーというロビイストの会社をワシントンＤＣに設立し、製薬会社、大学などのためにロビイングを行うようになり、ここでも荒稼ぎをする。

悪辣さはウクライナで表面化した。ウクライナの民間石油ガス会社（ブリスマ・ホールディングス）は二〇一四年五月、ハンターが四月に取締役に就任したと公表したのだ。同月、同社取締役にデヴォン・アーチャーも就任していた。彼は、ジョン・ケリー国務長官家に出入りする人物で、ハンターの親友である。バイデン副大統領側は、あくまで息子は民間人であり、法律家として民間企業の取締役に就任したにすぎないと強弁しているが、バイデン副大統領は四月二一日、キエフを訪問し、アレクサンドル・トゥルチノフ大統領代行やアルセニー・ヤツェニューク首相と会談し、ウクライナを主導するような態度を露骨に示したとされる。会談のテーブルの上座に座り、両側にウクライナ指導部の要人が座ったというのだ。ウクライナは今後、米国による支援を前提に国づくりをするものと思われる。その過程で、ウクライナの大統領以上に指導力を発揮することになるとみられるバイデン副大統領の息子がウクライナでビジネスを行うわけだから、その恩恵に浴すことになるとみて間違いないだろう。つまり、こうしたやり方は少なくとも道義的に赦されない。

ブリスマ・ホールディングをめぐっては、ケリー国務長官の元上院チーフ・スタッフ、デイヴィッド・レイターも登場する。彼は二〇一四年五月二〇日、ウクライナのブリスマ・ホールディングスのロビイストとして働く契約書に署名した。レイターのロビイスト活動のための会社名はML Strategiesである。これにより、同年、ブリスマ・ホールディングスが九万ドルをML Strategiesに支払ったことが確認できる。すでに紹介したように、ブリスマ社の取締役にバイデン副大統領の息子ハンターが就いている。同じく取締役に就任したデヴォン・アーチャーとハンターはケリー国務長官の義理の息子、クリストファー・ハインツとビジネス・パートナーとして働いたことがある。この縁で、ケリー国務長官とパイプをもつ人物がブリスマのロビイストに選ばれたことになる。ML Straregies はブルスマ社が将来の安定的なエネルギー供給に果たす役割を説明し、ウクライナ支援のあり方や必要性を議員や官僚に教化しようとしている。ここでも、巨額のカネが米国人に支払われ、彼らが利益を得ていることになる。しかも、バイデン、ケリーという「オバマの仲間たち」のネットワークにカネが吸い込まれていくのだ。

というわけで、「オバマの仲間たち」も、「プーチンの仲間たち」も薄汚い印象を与える。どちらも腐敗臭のぷんぷんする連中であり、その差は大同小異であると指摘しておきたい。

最後に、米国の政治が露骨な利益誘導によって得票を増やそうとしている現実を指摘しておきたい。オバマは二〇一二年の大統領選で、「ジュリア」という架空の米国人女性を登場させた選挙キャンペーンを行った。公立学校、大学を出て、ウェブデザイナーになったという設定で、三一歳のとき一児をもつ決断をし、一人でその子を公立学校に入れて育てる。自分はウェブビジネスをはじめ、六七歳で引退するが、社会保障や高齢者医療保険（メディケア）のおかげで安心した老後を過ごせるというストーリーが語られる。この「ジュリア・キャンペーン」で、オバマは夫、家族、教会、コミュニティと何ら関係をもたないジュリアのような女性に「政府」の存在を示し、その政府に味方するよう求めているのだ。その長に自分が就けば、こうした女性に救いの手を差し伸べるというわけだ。

同じような発想は同じ民主党のヒラリー・クリントンにもみられる。すでにファーストレディであった彼女はつぎのステップをにらみながら、一九九六年に『村中みんなで子どもたちから学ぶ教訓』(*It Takes A Village: And Other Lessons Children Teach Us*)という本を出版した。この〝It Takes A Village〟という表現は「村中みんなで」という意味をもち、本来、〝It takes a village to raise a child〟のように使われ、「子どもを育てるには村中の協力がいる」といった意味を含意している。この本で、彼女は「村」を「政府」に代えて、一人で子育てする人々を擁護する姿勢を打ち出している。つまり、一人で子育てに奮闘する人々を支援すると約束して、彼らの支持を取りつけようとねらっているのである。「政府による支援＝カネ」を露骨にちらつかせて得票に結びつけようとしているようにみえる。筆者には、これこそ金権体質丸出しという印象をもたらす。これが米国の政治の実態であることを忘れてはならない。

もちろん、民主党以上に、共和党は金権体質をもっており、この両党の金権政治への反発がドナルド・トランプへの不可思議な共感を生み出していることを指摘しておきたい。米国の金権政治の実態を暴露したジェーン・メイヤー著『ダークマネー』(二〇一六年)を読むと、共和党への献金できわめて大きな役割を果たしている、石油精製事業などで大金持ちとなったコック兄弟(チャールズとデヴィッド)に献金を求めようとしないトランプへの共感がトランプ支持にあることがわかる。二〇一五年夏、トランプのライバルたちが大挙してコックらに会い、献金を求めるのを尻目に、トランプは、「コック兄弟から資金を乞うためにカリフォルニアに旅行した共和党の候補者全員にグッドラックと言いたいね。（やつらは）操り人形なのか？」とつぶやいている。自らが金持ちであるトランプは、コック兄弟に代表される巨額献金提供者の言いなりにならずにすむ独立した候補者であると、共和党支持者には映っているのだ。金権政治にあきあきした人々がカネに屈しない候補者としてトランプを支持している面があることを忘れてはならない。それほどまでに米国の民主政治は汚れている。

第4章

国家というリヴァイアサン

1 「国家」ってなに

プーチンの「ネオKGB帝国」が幅を利かせている。第4章では、少しは学者らしく、こうしたロシアの現状を「政府の失敗」という観点から論じてみよう。というのは、こうした状況の発生が決してプーチンという個人に帰せられるわけではないと考えるからである。主権国家という近代化以降の病理であると思えるのである。

まず「国家」を考えるところから出発しよう。といっても、人類史を考えると、「国家」や「政府」なるものがいつごろから生まれたのかは定かではない。おそらく「国家」ができたとき、その国家を運営するための管理機構として政府組織も出現したのかもしれない。そうであるならば、政府の源流をたどることは国家の源泉を顧みることになる。国家の源をたどるといっても、徒手空拳というわけはいかないから、ここでは哲学者廣松渉の助けを借りたい。

彼は『唯物史観と国家論』のなかで、「近代ヨーロッパの国家観念は、status の系譜につらなるものと civitas の系譜につらなるものとの二つの類型に岐れるということができる」と指摘している。国家と邦訳される state、état、Staat は、ラテン語の stato につらなるとして、この stato がメディチ家のような都市の権勢家や封建領主の家産管理機構、ひいては、家子郎党の統治機構を意味していたことに注目する。日本で言えば、平安後期から鎌倉前期の荘園制時代における「政所」に近いものだという。「政所」は、摂関家など大荘園領主の家政の諸事を司った機関であり、それが鎌倉幕府において政務の総庁というべきものに「昇格」し、この政所の「執権」職が北条時代には事実上の最高政治権力を体現するに至る。

他方、ヨーロッパでは、絶対主義的統一国家の成立によって、元来は巨大領主の「政所」であったstatoが、いわゆる絶対主義的な国家の権力機構になっていき、やがて近代的国家に連接していった。つまり、state、état、Staatは実は、国土や国民を包括する共同体といった発想とは無縁であり、元来、統治機構、統治権力を意味していたことになる。こうなると、state、état、Staatは政府そのものとイコールであるかのような錯覚さえ感じる。

だが、廣松は「近代ヨーロッパの国家概念は、しかし、決して「国家」＝〝政所〟statoという発想で一元的に律せられるわけではない」としている。もう一つの源流としてギリシャ語のπολις(polis)、ラテン語のcivitas（内容的にはres publica＝公け事、公共の事柄）の系譜を引く国家観念が存在するというのだ。たとえば、トマス・ホッブズは国家を表わす言葉としてCommon-Wealthという英語を用いているのだが、これはラテン語のcivitasやres publicaを意味している。

ゆえに、いまでは国家を意味しているstate、état、Staatは国家＝機関説ともいうべき観念と、国家＝共同体の観念の二つをあわせ持っていることになる。その前者に政府という概念が深くかかわっていることになる。だが、本当は国家が存在しなくても、人々の間の諍いを鎮め、秩序を維持するためになんらかの調整を行う組織のようなものが必要であったことが想像される。これを「政府」とみなせば、人類にとって政府は国家が誕生する以前から存在していたことになる。

「政府」の本質

ここで政府の本質について考えてみよう。政府を「人々の間の諍いを鎮め、秩序を維持するためになんらかの調整を行う組織」と定義すれば、国家にかかわる政府以外にも、さまざまな場面に政府を見出すことができる。刑務所内の秩序を守るために、陰の支配者がいて受刑者を裏で支配しているような場合には、刑務所内にも政府が存在することになるだろう。テロリストの集団にも、そのメンバー間の秩序を維持するための調整組織が必要になるはずだから、そこにも政府があるはずだ。その昔、日本のオウム真理教という教団内に、その組織の秩序を維持するために省庁制が敷かれていたことは有名だ。「法皇官房」、「外務省」、「諜報省」、「大蔵省」、「建設省」などがあり、まさに政府が存在したのである。

ゆえに、マット・リドレイはその著書『あらゆるもののエヴォリューション』のなかで、「政府は不正行為の防御としてはじまり、人口がある規模に達するときに自発的に現れる」と指摘している。ここで重要なことは、政府は神のような者によってデザインされたものではなく、あるいは、なにか然るべきものに近づけようと計画的につくり出されたわけではなく、あくまで内部からの自発的な変化として生まれたものだという点である。政府は内的展開（エヴォリューション）を特徴としていることになる。

こう考えれば、政府が「失敗」するとしても当然だろう。内的展開には試行錯誤がつきものだからだ。各国政府が失敗しても、それを教訓としてつぎの改善に役立てることができれば、なんの問題もないことになる。だが、二一世紀に生きる地球上の大対多数は、国家が国家正義を実践する公平で公正な機関＝政府と一心同体であるかのような錯覚に陥り、その国家や政府に寄り添うことに安住している。それを可能にしているのは、近代国家が歴史の勝者として自らに有利な歴史を、義務教育を通じて各国の国民に教え込んでいるからにほかならない。二一世紀初頭の段階では、第二次世界大戦で勝利した米国を中心とする歴史観が幅を利かせているわけだが、未来永劫、この勝者の歴史観が地球上を支配したままであるとは決して思えない。

とくに勝者は、民主主義に支えられた国家＝政府の無謬性を強調するようになり、結果的に「政府の失敗」について語られることが極端に減っている。

リヴァイアサン

ここで、ホッブズ以降、国家や政府がどのような思想のもとにどんな変化をたどってきたかを概観してみよう。

ホッブズは、自分たちの人格を担わせ、その合議体による行為を自らの意志として認めることによって、群衆が一人格に統一されたかにみえるようにすることで平和と安全を維持できると主張する。この統一された人格こそ、「コモン・ウェルス」と呼ばれる。その人格を担う者は主権者と呼ばれ、主権者権力をもつとされる。ここに、不死身不敗の怪物リヴァイアサン(Leviathan)という「人工的な精神」を仮託することで、彼は神の存在をみている。

リヴァイアサン(レヴィアタン)は旧約聖書に発し、神話的・神学的・カバラ的解釈に覆われたシンボルとしてある。歴史的変化のなかでも、リヴァイアサンは常に鰐・鯨・大魚、すなわち海の生物としてイメージされ、ベヒモス(ビヒモス)は巨牛・象などの陸の獣とされてきた。中世キリスト教のリヴァイサン解釈では、人類支配をめぐる神と悪魔の闘争において、悪魔は十字架上のキリストの屈従的姿のうちに神が潜んでいることに気づかず、これを呑もうとして、魚が釣り針にかかるように捕えられてしまい、悪魔は敗れたとする神学的解釈が支配的であった。これが中世の書物に「巨鯨」として登場するリヴァイアサンにつながっている。

ホッブズの著した『リヴァイアサン』の英語版第一版(一六五一年)の扉には銅版画が掲げられている(図2参照)。その画は、最高部に「地上の権力には是と並ぶ者なし」(Non estpotestas Terram quae Comparetureí.)というヨブ記四一章二四節の標語を置き、その下に無数の小人によって合成された巨人が右手に剣、左手に牧杖をもち、平和な町を上から護っている。つまり、リヴァイアサンは海の怪獣というよりも巨人としてイメージされていることがわかる。

この本のなかでリヴァイアサンが登場するのは三カ所しかない。カール・シュミットの分析によれば、リヴァイアサンとは、「絶対的権力の貴族・教会との闘争という一七世紀の政治状況に

図２　『リヴァイアサン』の扉部分

おいて、至高・不可分・最強の世俗的権力を、聖書のいう最強の獣に喩えたものに他ならない」という結論になる。注意すべきことは、一七世紀の英国人にとって鯨はなじみ深いもので、「巨鯨」リヴァイアサンという海獣が平和的秩序の象徴に選ばれたことである。ホッブズは一六四〇年から一六六〇年のイギリス革命の歴史的叙述として『ビヒモス』という本を著したのだが、これは革命のもたらす惨害の象徴としてビヒモスを位置づけたのであった（国王政府の検閲によって発行許可が得られず、本が上司されたのはホッブズの死後のことである）。このリヴァイアサンとビヒモスの二つを合わせて考えるとき、ホッブズはリヴァイアサン（国家）という怪獣がビヒモス（革命）という怪獣を抑え続けている状態であるとみなしていたと言えなくもない。

重要なことは、「イギリスのリヴァイアサンが国家にならなかった」というシュミットの指摘である。一六六〇年以降、ホッブズの国家論は絶対君主制支持とみなされ、地主貴族の援護のもとでスペイン・フランス的国家思想を英国に持ち込もうとする勢力の政敵に仕立て上げられてしまう。結局、世界を征服する海軍力をもった島国イギリスには大陸諸国の特徴たる絶対君主制も常備陸軍も官僚制も法律国家的法制も必要ではなかったのである。つまり、「ホッブズ的国家が最もよく実現をみた大陸にリヴァイアサンは座礁してしまった」ことになる。こうして、政治学者シュミットはつぎのように指摘している。

「ホッブズのリヴァイアサンは神・人・獣・機の統一体であり、おそらく人間のとらえうるうちで最も総体的な総体であったが、機械と技術のもたらした総体性の象徴・表現に、旧約に由来する獣の像は適さない」

道具としての国家＝政府

こうした説明から、リヴァイアサンという怪獣にこめられた「国家＝主権」というイメージをよく心に留めておいてほしい。ホッブズにおいては、諸個人は相互の結合契約にもとづいて、一切の権利、意志と判断を単一の主権者たる国家＝政府に譲渡する。ここでは、主権者と臣民との約束は片務的であり、主権者は臣民の拘束から解放され無制約な主体となる。これは、人々のために神と話ができるというモーセと盟約（covenant）を結んだ人々が、モーセによって語られるすべてを神の言葉として受け容れることに対応している。それほど重大な盟約であるにもかかわらず、実際には、こんな感覚を実感できる人はほとんどいないだろう。そこに、ホッブズの理論のまやかしがある。これが社会契約論の罠である。

ホッブズの『リヴァイアサン』（一六五一年）は一六四一年のアイルランドのカトリック蜂起から始まり、翌年の内戦へと広がったイギリス内の騒乱を意識して書かれたものであることは間違いない。彼自身は一六四〇年、絶対王政の支持者とみなされ、パリに亡命していた。革命は一六六〇年のチャールズ二世の王政復古でひと段落するが、名誉革命を経て一六八九年の「権利章典」（Bill of Rights）の発布にまで至る。これにより、議員の選挙の自由化、議会における言論の自由、王権による法執行の停止などの不法性、請願の自由、陪審員を陪審名簿から選任することなどが決められた。権利章典は一七〇一年の王位継承法（Act of Settlement）によって補遺され、カトリック教徒が王位に就けないことや、下院で決めた弾劾を国王による赦しで覆すことができないなどが決められた。王権に対する議会の優位は決まったが、王政廃止までには至らず、海外にあるイギリス植民地の支配についての国王の大権は議会によって残存が認められた。公職就任の際、王への忠誠と国教信奉の宣誓を義務づけた、一六七三年制定の審査法は一八二八年になってようやく廃止されることになる。

この変革の過程において、議会の議員をだれがどう選ぶかという問題に対して出された答えは、絶対君主との対立が土地保有をめぐって激化していたことに対応して、土地を保有し、土地に課される租税を払っている者に参政権を与えるというものだった。これは、労働が所有権を正当化し、その所有権に基づく財産の保護と所有権の維持のために国家＝政府が必要だとするジョン・ロックの思想に適合していた。

一八世紀になって市場の重要性を説くアダム・スミスが登場する。アダム・スミスは『諸国民の富』の第1編第2章の冒頭部分で、「分業」(division of lavour)は「人間の本性にある一定の性向」、つまり、「ある物を別の物と取引したり、バーターしたり、交換したりする性向」の帰結であると指摘している。そのうえで、各人は各自の仲間の助けをほぼいつでも必要としているのだが、助けをその仁愛にだけ期待しても無駄になるから、むしろ、仲間の自愛心(self-love)を自分の有利になるように刺激できれば、そして、各自が仲間に求めていることを各自のためにすることが仲間自身のためにもなることを仲間に示せれば、それが各自の利益に基づきながらも分業を導くことになるとみなしたのだ。ここで強調されているのが「シンパシー」であり、これはスミスの師、フランシス・ハチソンのいう「道徳感情」(利己心の反対)とは異なり利己心と両立するものとして想定されている。相手の利己心を認める立場にたつのである。ここに想像力の重要性が増すのだが、もっとも大切なことは、このとき道徳が超越的な宇宙的秩序に従わなければならないという西洋的伝統が崩れた点にある。神の摂理といった超越的視点から善悪を判断するのではなく、シンパシーに基づく人間の経験が道徳をつくり出すのである。

そのうえで、アダム・スミスは「自然価格」(natural price)という言葉を使って、自然価格が需要と供給によって決定される「市場価格」となれば、そこでは「公正価格」のもつ規範性が保持されると論じた。国家＝政府は市場を守るための存在にしかすぎないのだ。トマス・ペインは国家＝政府をさらに「必要悪」の座まで引きずり下ろす。

ジャン・ジャック・ルソーやG・W・F・ヘーゲルの時代には、国家はただ一つの一般意志（意識）をもち、政府（人格）はその単純な表出＝代行機関と考えられるようになる。ゆえにルソーは「政治体の生命の根源は主権のなかにある。立法権は国家の心臓であり、執行権はすべての部分に運動を与える国家の脳髄である」と考えたわけだ。ヘーゲルは国家＝政府を理性と進歩の具象化したものとみなしたのである。カール・マルクスは『資本論』のかで国家＝政府をあえて捨象している。というのは、国家＝政府が「階級支配の道具」にすぎないと考えていたからである。階級がなくなれば、国家＝政府も衰退するとみていた。この「誤り」がのちにマルクス経済主義者というマルクス本来の主張を歪めて解釈した連中が「国家社会主義」なる不可思議なシステムを構想し、それがいまのロシアに「国家資本主義」となって受け継がれることになる。そして、筆者を拉致するような横暴を国家が仕出かすことになるのだ。

他方で、経済学者として有名なジョン・スチュアート・ミルは「夜警国家」としての政府を主張した。チャールズ・ダーウィンの自然選択という進化論を受けいれていたハーバート・スペンサーは市場への干渉が経済における生存を阻害するとみなし、国家を標的にした。

全体主義とその批判の大同小異

一九世紀後半から二〇世紀にかけて、国家＝政府の積極的な活動が奨励されるようになる。それに重大な役割を果たしたのは英国の社会運動家ウェッブ夫妻、とくにベアトリス夫人であった。国家＝政府は貧困者の救済に積極的にかかわるべきであると主張したのである。社会福祉への国家＝政府の関与はヨーロッパで広がったが、大陸部では一八七〇年から七一年の普仏戦争に勝利しドイツ帝国が誕生したドイツでは戦後の景気後退のなかで国内産業や農業を守るための関税導入という形で国家＝政府が国家間の貿易競争の全面に現れることになる。一九世紀を通して、英国では自由貿易か否かが国内政治を揺るがしてきたが、貿易における国家＝政府間の争いが戦争につながるまでになる。

二〇世紀初頭にはテディ・ルーズヴェルト米大統領によって国家による福祉政策の一部が受けいれられるようになる。その後、ジョン・メイナード・ケインズが不況時の国家＝政府による需要喚起の必要性を説いたことで、国家＝政府が経済活動に積極的に働きかけるべきだとの見方が広がる。具体的には、フランクリン・ルーズヴェルト米大統領はテネシー川流域開発公社を設立したほか、証券市場への規制強化のために証券・為替委員会を設置するなどした。忘れてならないのは、彼の「ニューディール」と呼ばれる政策がドイツやイタリアですでに起きていたことの反響でしかなかったことである。つまり、すでに経済を改善したり、社会秩序を維持したりするためにドイツやイタリアで国家＝政府が実践していた国家主義の影響を受けていたのだ。

ついでに指摘しなければならないのは、一九三〇年代にアメリカのカリフォルニアで盛んであった優生学がドイツに影響をおよぼしたという事実である。一九三三年までにカリフォルニアは他の全州の合計よりも多くの人々に強制的に不妊治療を施していたのであり、ドイツの国民社会主義ドイツ労働者党（ナチス）はこの不妊治療の実践的なノウハウを学んだのである。ドイツ本国では、エルンスト・ヘッケルが優生学を推進したが、米国で優生学を広めたチャールズ・ダベンポートの影響下に置かれていたと考えるほうが正しい。

もう一つ忘れてならないのは、ジョナ・ゴールドバーグが『リベラル・ファシズム』で主張するように、一九三〇年代にファシズムが進歩主義的運動と広範にみなされており、左翼の多数によって支援されていたという事実である。ゆえに、ファシズムもコミュニズムも全体主義として唾棄されることになるのだが、実はこうした全体主義を批判する英米もまた国家主義的傾向を強めることになった。この点が決定的に重要である。大同小異とまでは言わないが、ナチスのユダヤ人迫害の遠因がカリフォルニアで発達した優生学にあったことを考慮すると、ドイツも米国も国家＝政府の内的展開（エヴォリューション）には紆余曲折をともなっているのであり、どちらが優れているのかといった考察に値しないのではないかとさえ思われる。

問題の核心はこうした歴史的経緯を経て、全体主義的な国家＝政府も、英米の国家＝政府も戦争に勝つための緊急措置として包括的な中央計画化や動員計画を採用したことにある。人類にとって不幸だったのは、ファシズムや日本軍国主義を打破するために全体主義のソ連と英米が組んだこともあって、戦後になっても「緊急措置としての計画化」という、国家=政府主導の経済活動への干渉（生産量や価格への規制など）という「上からのデザイン」を肯定するアプローチが生き残ってしまったことである。

その典型が国家=政府による義務教育の強制である。そもそも税金で支援された義務教育は全体主義国家をモデルとしており、まったく好ましくない。全体主義と言えば、ヒトラーのナチス・ドイツやソ連のことだと思っている人が多いかもしれないが、本当は、米国も日本も中国も全体主義国家と言えなくはない。要はちょっとした定義の違いであり、特定の政府をもつ国家が無理やり特定の思想を教え込むこと自体、国家=政府が全体として国民に国家=政府の都合のいいことを教えているにすぎない。多くの人にかみしめてほしいのは、「税金によって支援された義務教育制度は全体主義国家の完全なモデルである」というイザベル・パターソンの至言である。

サッチャー、レーガンの登場

一九四四年にフリードリヒ・ハイエクは『隷従への道』を刊行する。このなかで、彼は貧困からの自由のための国家=政府による計画化がかえって専制、抑圧、隷従への道につながるとする自説を展開した。といっても全面的な国家=政府による市場への介入を全面的に否定しているわけではなく、「健康や仕事の能力の保持に必要な最低限の食料、住処、衣服がだれしもに約束されうることに疑いをさしはさむ余地はない」として、最低限の国家=政府の関与は認めている。

国家＝政府の内的展開を考慮すると、戦争でいきすぎた国家＝政府の優位、上からの計画化、デザインという方向性を戦争前の状態に戻すことは当然のように思われる。だが、実際には英国政府はロンドン・スクール・オブ・エコノミクス（LSE）で働いていたハイエクの警鐘をまったく無視して、産業、医療、教育、安全保障における生産手段の包括的国営化に着手する。各産業の国営化の状況をみると、石炭（一九四六年）、鉄鋼（一九四九年）、電力（一九四七年）、ガス（一九四八年）、鉄道・道路・航路の輸送（一九四七年）、民間航空（一九四六年）となっている。

こうして、国家＝政府の優位は第二次世界大戦後になってむしろ強まるのだ。その背後には、米ソ対立があったこともあるが、一度手に入れた権限を手放そうとしない官僚の悪賢い思惑も隠れている。米国でも事情は同じであり、一説には、政府歳出は一九一三年のGDPの七・五％から一九六〇年に二七％、二〇〇〇年に三〇％、二〇一一年に四一％まで上昇する。まさに、国家＝政府が「神」であるかのように各国で振舞うようになる。

この過程で、一九七〇年代になってミルトン・フリードマンによる反撃が開始される。興味深いのは一九七八年六月、州財政の基幹税である財産税に厳しい課税制限を課すカリフォルニア州の住民提案一三号が六割以上の賛成で可決されたことである。この「提案一三」を強く支持したのがフリードマンであった。これにより、カリフォルニア州は税収の五割強を失うことになるが、それでも「小さな政府」を求める声が強かったのはたしかであり、カリフォルニア州の動きが他の州にも伝播し、それがドナルド・レーガンの一九八〇年一一月の大統領選での勝利を後押ししたのである。一九七九年五月、英国首相に就任したマーガレット・サッチャーはレーガン以上に「小さな政府」をめざして格闘し、過度に肥大した政府部門を縮小させることに全力をあげた。

ところが、「小さな政府」をめざす政策は政権交代によって頓挫し、再び「大きな政府」に振れてしまう。こうして、いまでも国家＝政府は多くの問題をかかえたまま、国債による借金で問題解決を先延ばししている状況にある。

2 「市場の失敗」と「政府の失敗」

ここで、「政府の失敗」について考えたい。ロシア政府はもちろん、失敗している重要な対象だが、米国も日本も中国も各政府は失敗していると、筆者は推察している。

「政府の失敗」について考えるためには、つぎに「失敗」について解説しなければならない。「政府の失敗」というときの「失敗」の意味を理解するためには、「市場の失敗」でいう「失敗」の意味を知らなければならない。

そこでまず、「市場の失敗」について説明するところからはじめよう。これは厚生経済学にかかわる概念である。厚生経済学というのは、福利厚生という経済活動の結果を社会全体で集計した社会的厚生を最大化するためにはどのような所得再配分をすべきかについて考える学問である。わかりやすく言えば、政府が税金を徴収し、それを補助金などの形で使うという所得再配分のあり方が問われることになる。『厚生経済学』を著したアーサー・セシル・ピグーの名前を知っている方もいるだろう。

この際、市場がうまく機能すれば、効率的な資源配分が可能となり、社会全体の厚生を高めることにつながると思うかもしれない。だが、そううまくはゆかないことがわかっている。それを「市場の失敗」と名づけているのだ。非効率な資源配分を「失敗」とみなしていることになる。

「効用＝利益」マイナス「機会費用」

資源配分上、資源が効率的に配分されるかどうかは、個人の行動選択から得られる効用ないし企業の行動選択による利益から、そうした行動をとることで失う価値である機会費用を差し引いた結果が最大となるかにかかっている。

ここで、機会費用という概念を理解してもらうためにクイズを出したいと思う。三〇年ほど前、京都大学経済研究所の所長だった佐和隆光から直接教えてもらったシカゴ大学大学院の入試問題である。

「週末のシカゴのダウンタウンと郊外にあるマグドナルドの店で、どちらの店で行列が長くできるか論じなさい」というのがその問題だ。

その答えは市内の店舗である。この問題を解くには、まず、シカゴのダウンタウンに多く住むのは低所得者で、クルマも持たないような人々だということを知らなければならない。逆に、郊外の住民は比較的高所得者で、自家用車を持ち、週末にはシカゴ市内ではなく、郊外にある自宅周辺で過ごすケースが多いと考えられる。こうした前提のもとで考えると、シカゴ市内に住む住民の多くは低所得層に属しており、彼らの時間あたりの機会費用は郊外に住む比較的高所得の者に比べて低いから、マグドナルドの店で行列をつくって無為に過ごす時間が多少長くなってもそれを無駄な時間と感じる者は少ないのではないかと推定できる。ゆえに、市内のマグドナルドの店舗のほうが郊外の店よりも長い行列ができる可能性が高いとの結論を得る。郊外に住む高所得者からみると、彼らにとってマクドナルドで行列して無為に過ごす時間は別の行動をとれば得られる価値のほうが大切に感じられる。つまり、彼らの機会費用は比較的高いから、行列に並んで無為に過ごす機会を忌避する傾向が強いことになる。

いまでは、行列に並びながら、携帯電話で仕事をしたり、ゲームを楽しんだりすることで、無為な時間を過ごさなくてもすむから、上記の答えがそのまま解答にはならないかもしれない。それでも、機会費用という考え方をとると、多くの人々の行動をある程度まで説明ができる（*It Takes A Village: And Other Lessons Children Teach Us*）。こう信じて、さまざまな問題を経済学の問題として考えようとする人々がいる。

彼らにとって自由な競争的市場は機会費用の最大値を明らかにするから、市場はきわめて重要に映る。市場が示す機会費用の最大値をもとに、その費用より大きい効用や利益を得られるように資源を配分するように工夫すれば配分上の効率性を確保できるからだ。それは、だれかの生活水準を引き下げることなく、ほかのだれかの生活水準を引き上げることのできる状況という、非効率な状況からの脱却につながる。

ただし、競争的市場を通じた商品の配分であっても、その市場が「外部性」に直面するとその機能が十分には果たせなくなってしまう。この外部性とは、市場取引にかかわらない第三者がその市場取引対象の生産ないし消費に影響されるときに生じる。

外部性には、経済活動にプラスの効果をもたらす「外部経済」と、マイナスをもたらす「外部不経済」がある。ある場所に住む人がその周辺の区画整理や土地開発で地価上昇や家賃収入増を見込めるといった事態が外部経済である半面、人口増でごみが増加し、周辺環境の悪化、騒音、交通滞などに苦しむといった事態が外部不経済を意味している。あるいは、街灯、裁判、国防のような「公共財」については、だれしもが外部経済を得られるために、「ただ乗り」しかねない。こうした事態に対して、国家＝政府が乗り出すことで、市場の失敗を補うことが模索されてきたわけである。

「政府の失敗」をめぐって

「市場の失敗」を補完するために政府ができる活動には、①商品やサービスの供給、②課税ないし助成、③規制——という三つがある。①は企業などを政府が直接所有したり、経営に関与したりして、その企業を通じて商品・サービスを供給することを意味している。②は特定の商品やサービスに課税したり補助金を出したりしたりして、それらの価格を引き上げたり引き下げたりすることだ。③は商品やサービスの生産や流通を規制したり、市場そのものの参加者や商品・サービスの量・品質・価格を指示したりすることを意味している。これらの政府活動において、資源配分の非効率が生じるとき、「失敗」とみなすわけである。

①に関連して問題となるのは、いわゆる「自然独占」と呼ばれるような産業だ。たとえば、電力会社、通信会社、石油やガスのパイプライン会社などの、発電—送電—配電といったネットワークを備えているネットワーク型インフラをともなう自然独占は、規模の経済性、範囲の経済性をもち、巨大な埋没費用をともない、広範な利用者をもつ。つまり、インフラの規模が大きくなるにつれて財・サービスの単位当たりの平均費用が低下するという規模の経済性をもち、同一設備による複数のサービス提供を通じた範囲の経済性も確保できるのだが、そうしたインフラには巨額の固定投資が必要で、かつ転売が困難であるという特徴があり、それが埋没費用を高め、新規参入を思いとどまらせる障壁となる。利用者が多い分、価格調整などの政府による規制が政治問題化することが多く、経済的合理性だけでは問題を解決できないという面もある。

ゆえに、政府がこうしたネットワーク型インフラ産業を所有したり、経営に関与したりしてきたわけだが、それは競争を不完全にし、資源の効率的利用を妨げる面があった。この「政府の失敗」を改めるために導入されたのが、ネットワークを垂直分離して、競争できる部分の競争を促す改革だ。電力会社でいえば、発電—送電—配電の各部門を分離して、発電会社間の競争や配電会社間の競争を促し、発電会社から配電会社経由の消費者への販売において送電会社は送電サービスを提供するのみとして垂直統合による非競争を認めないようにするのである。

昔、自然独占はみな国家管理が当たり前であったのだが、サッチャー政権による「政府の失敗」の洗い出し、およびその改善のための民営化推進によって、「政府の失敗」の一部は改善した。

だが、他方で、医療や教育については、公立病院、公立学校の存在という形で、政府が相変わらずサービス提供を継続している国も多い。医療や教育を政府が提供することで、民間の活力がそがれ、競争が不十分となり、結果的に資源の効率的な配分が歪められている可能性が高い。にもかかわらず、日本のように、こうした分野における政府の過剰歳出に長く気づかなかった国もある。

②については、課税や助成を通じて、特定の産業を保護したり、不利益をもたらしたりして、市場だけでは調整しにくい資源の再配分に政府が主導的な役割を果たそうというものだ。地球温暖化に悪影響をおよぼすとされる二酸化炭素などの温暖化ガスの利用を抑制するには、二酸化炭素を大量に排出する石炭の燃焼による発電を抑制する必要があるが、市場に任せたままでは、比較的安価な石炭を利用した発電量を減らすまでにはなかなか至らない。そうであるならば、政府が温暖化ガス排出税を課して二酸化炭素排出に伴う機会費用を高め、石炭燃焼型発電の減少を促すことも選択肢の一つとなるだろう。だが、核エネルギーを使った発電に伴う機会費用をどう算定し、これを効率的とみなすかどうかは大問題であり、簡単に結論の出せる問題ではない。

③については、登録制、許可制など、入り口での規制のほかに、監視・監督による規制のほか、罰則や罰金を科すといった結果責任への処分も含まれている。規制そのものが多岐にわたるため、官僚の裁量による恣意的な規制が行われやすい。政府による規制がかえって競争を抑制し、一部の企業や産業を利するといった形で、非効率な資源配分につながりかねない。ここでも、「政府の失敗」が数多く散見されるはずだ。

3 「政府の失敗」の根本問題

第4章の最後に、「政府の失敗」の根本問題を提起したい。ただ、その前にいま現在、地球上に多数存在する主権国家が大いに成功を収めてきた事実を確認しておきたい。それがもっとも端的に現れているのが殺人発生率の低下である。スティーヴン・テンカーは *The Better Angels of Our Nature* という本のなかで、殺人の発生率の大幅低下が一八世紀以降のヨーロッパで顕著に進んだことを明らかにしている。この最大の理由が国家=政府による安全保障ということになる。戦争での殺人の割合も実は低下傾向にある。加えて、奴隷制が廃止されるといった大きな効果が国家=政府によってもたらせた。英国は一八〇七年に奴隷貿易を非合法化し、一八三三年に帝国内での奴隷制を廃止した。米国の奴隷制廃止は一八六五年だ。フランスはフランス革命後の一七九四年に一度、奴隷制を廃止したものの、ナポレオン・ボナパルトはこれを復活した。しかし、一八四八年の二月革命により再び廃止された。このように、国家＝政府のおかげで、人権もある程度守られるようになってきたのは喜ばしい事実である。

だが、だからといって「政府の失敗」に目を背けてはならない。「政府の失敗」の根本問題は、①国籍をめぐる問題、②課税ベースとして人間に注目するのか、居住地に注目するかという問題、③通貨発行をめぐる問題であると思われる。これらはみな、政府の都合で創出された仕組みにすぎないという特徴をもつ。政府は国家ごとにその構成員を決め、徴税や徴兵などの義務を強制し、政府の維持をはかる。ゆえに、国籍が必要となるわけだが、国籍をもつものは人間に限定されているわけではない。船や飛行機にも国籍があり、それを各国政府が管理することで、それぞれの国の安全保障の維持に直結させようとしている。徴税に際して、法人や自然人たる個人に注目する属人主義を採用するか、それともそれらがある場所を重視する属地主義をとるかは、その国の成り立ちやその後の経過に深くかかわっている。

ゲーテとロー

通貨のうち、とくに紙幣発行こそ、国家や政府が独占権を確保して、その財政を賄うために手段として活用されている。この仕組みの本質を見抜いていたのは、ヨハン・ヴォルフガング・フォン・ゲーテである。彼は、一六世紀にヨーロッパで広がったファウスト伝説をもとに、六〇年ほどをかけて一九世紀に『ファウスト』を書き上げた。実に興味深いのは悪魔の霊、メフィストテレスと契約したファウストは地下に埋蔵されている金銀を「担保」に新しい紙幣を発行させることに成功したという内容だ。そう、兌換紙幣の発行によって「見えない金」としての紙幣をつくるという、近代国家が行った錬金術の正体を暴き出したのだ。

他方、フランスにおいて紙幣の普及のために重要な役割を果たしたのは、国家が固定レートでの紙幣の正金への交換を保証する銀行（バンク・ジェネラール）の設立であった。一八世紀にフランスの財務総監となったジョン・ローの提言をルイ一五世の摂政だったオルレアン公が実施したものだ。といっても、戦費を踏み倒してきた国家に対する信用は凋落していたから、国家は紙幣の使用を強制した。税金を紙幣で支払うよう義務づけたのである。もちろん、裏づけがなければ、紙幣は普及しないから、オルレアン公は既存の金貨と銀貨の無効を宣言し、回収する一方、紙幣を上記の銀行にもっていけば含有率を低くした新しい金貨に交換できることにした。こうすることで、紙幣への信用力を高めて紙幣の流通を促す一方、悪貨を流通させることにも成功したことになる。

これは、賭博師だったジョン・ローが賭博から学んだ理論であったことが知られている。賭博場では、金貨をチップに代えて使用するが、そのチップは賭博場だけしか通用しない。儲けた分のチップを前のレートと同じ比率で金貨に代えても、賭博の勝ち負けが決まる一定の確率分だけ利益を胴元が確保することができる。これと同じように、金貨を紙幣に代えて、流通させれば、紙幣を金貨に代えようとする人は交換紙幣のわずかな割合でしかないから、胴元たる国家は利益を確実に確保できる。それどころか、紙幣発行にかかるコストは金貨よりもずっと低いから、その利益は膨大になる。まさに、ゲーテがファウストで描いた錬金術的世界が一八世紀に実現したのである。

ここで簡単に説明した三点はいずれも国家＝政府にとって当たり前と思われている権限だが、いわゆるグローバリゼーションのもとで政府にとって基本的な権限そのものが疑問視される事態が生じている現実を無視することはできない。こうした国家＝政府の成り立ちそのものが実はいま、軋みはじめているのだ。インターネットに代表される情報技術の伝播にともなって、新しいさまざまな可能性が生まれ、国家＝政府そのものが揺らいでいると言えよう。そのもっとも手ごわい現在の相手は「イスラーム国」ということになる。ここでは、「政府の失敗」の根本問題として、この三つの論点についてもう少し掘り下げて考察したい。とはいえ、いずれの問題も多岐にわたる論点が必要なので、本書では問題の所在だけを簡単に解説しておきたい。関心のある方はぜひともそれぞれの問題について探究してほしい。

重国籍が突きつける「政府の失敗」

重国籍の問題は、「公」の領域を多重化することで、「公」を弱め、「共」を強化するという試みである。筆者は、拙著『核なき世界論』で、二重国籍の取得を緩和することを提案したことがある。世界中を見渡すと、二重国籍を原則として認めていない日本、中国、インドネシアなどの国々が多数派を形成しているわけではない。実は、グローバリゼーションの広がりのなかで、二重国籍を認める国が着実に増加しているのだ。たとえば、ドイツでは、第一次世界大戦前の法律で、血統主義が採用されていたため、ドイツ人の血統の者にはだれでも国籍が与えられたが、ドイツで生まれた外国人には与えられなかった。しかし、二〇〇〇年になって、一九九〇年以降にドイツで外国の両親から生まれた子供は二重国籍を認められ、二三歳になる前に一つの国籍を選択することになった。しかし、これでは不公平であるとの議論が高まっている（*The Economist*, Mar. 2nd, 2013）。米国でドイツ人の両親から生まれた子供は生涯、二重国籍をもてるし、ドイツでギリシャ人やスペイン人の両親から生まれた子供も同じであるからだ。後者が可能なのは、EU加盟国とスイスについては、二重国籍が認められているからである。こう考えると、ドイツの現在の制度は、事実上、トルコ人向けに設けられた不公平な制度であることになる。

二〇〇八年の段階で移民政策研究所が調べたところでは、世界のほぼ半数の国がなんらかの形態で二重国籍を大目にみていた（*The Economist*, Jan. 7th, 2012）。最近では、アルメニア、ガーナ、フィリピン、ケニア、ウガンダ、韓国は二重国籍の取得を認めたり、緩和したりする改革を行った。デンマークも緩和した。他方で、オランダ政府は二〇一〇年一〇月一日施行の法改正で重国籍の全面的容認をやめ、制限を課すことにした。

キリスト教の再洗礼派が主張するように、赤子のときの洗礼は自らの意思で選択したものではないのだから、成長した後に再洗礼を義務づけることで、その再洗礼を受けるかどうかを選択するとき、他でもありえたかもしれないと考えることで自由を経験できるのだ。とすれば、最初から、どこの国で生まれた人間であっても一八歳になったとき、国籍を改めて選択し直せることにするという制度を、世界中で導入する政策さえ考えられる。

重国籍は、選挙権や徴兵など、国家が国民に強いる義務をどうするのかという問題を惹起する。選挙権について言えば、重国籍者に住んでいないという理由だけで、選挙権を与えないのはおかしい。重国籍が認められるのであれば、二重の選挙権は当然、認められるべきことになる。あるいは、人権尊重の立場から重国籍は認められなければならない。それでは、選挙の平等性が毀損されるという反対論が出るかもしれないが、そもそも一人一票という形式をとれば、平等なのかという問題もある。各国内に住む外国人を無視することは民主主義の理念に反しないのかという問題もある。民主主義の本質に立ち返れば、少なくとも一国籍しかもたない者で、その国に実際に住んでいる者だけに選挙権を認めること自体に正当性を見出すのは難しい。被選挙権についてはより厳しい条件を課すとの立場から、重国籍者には認めないという立場もありうる。だが、この見解についても疑義を呈することはできる。国家が国民を選ぶのではなく、国民が国家を選ぶという立場からみれば、人間がどこの国の被選挙権を行使して議員候補になろうと、それはまったく自由でなければならないと主張することは可能だ。

二重国籍あるいは多重国籍を当たり前にすれば、国家が主権を振りかざそうとしても、人間の側が少なくとも主権国家から逃れることができる。二重国籍は「公」の領域を二重化することで、

「公」の権力作用を弱め「共」の領域の拡大へと結びつけるねらいがある。こうすれば、主権国家を揺さぶり、腐敗の適用範囲を狭めることもできるだろう。共同体としての国家を超えた空間としての「共」を想定することができる。それは、「無領土国家」という、領土をもたない国家の存在を認め、もはや特定の国家＝政府にかかわらない「地球人」を認めるにつながるだろう。

「無領土国家」という問題提起

人権問題は少数民族の権利保護に深くかかわってきた。だからこそ、一九四七年一二月、国連人権委員会は「いかなる政府からも保護を享受していない者の法的地位、彼らの法的・社会的保護」について国連が早期に検討すべきと表明し、『無国籍に関する研究』が一九四九年にまとめられた。その後、「無国籍者の地位に関する条約」（地位条約、一九五四年採択、一九六〇年発効）および「無国籍の削減に関する条約」（削減条約、一九六一年採択、一九七五年発効）がつくられる。だが国連難民高等弁務官（UNHCR）の調査では無国籍者の数は一〇〇〇万人を上回っている。

少数民族の問題を領土問題と関連づけるとき、カール・カウツキーやカール・レンナーやオットー・バウアーの議論が思い起こされる。カウツキーが「民族＝言語共同体」という立場から、「諸民族の統合＝世界の単一民族化」の前段階にまず諸民族ごとの自治ないし自決が必要であるとの立場に立っていたのに対して、レンナーやバウアーはより永続的なものとして民族をとらえていたという。だからこそ、レンナーは明確に、国家を「主権的領土団体」とする一方、「民族」

(nation) は「文化共同体」を意味するとした。民族は領土団体ではない。国家と民族との対置は国家と社会一般との対置に呼応し、国家が法律的な領域支配を基本とするのに対して、社会は事実的な人的結合を基礎とするから、民族は属人原理に基づいて領土とは無関係に自治を行うことが認められなければならないことになる。これは、いわゆる「属人的民族的自治」の主張である。バウアーもこれに近いことを主張していた。あるいは「非領土的自治」のモデル化を行ったことになる。

こうした主張とは別に、個人が自由に国家に参加するかしないかの自由や、仲間になる国を選んだり自分の国をつくったりする自由をもつ「パナーキー」な世界を提唱する人物もいた。『パナーキー』(Panarchy) を書いた、ベルギーの経済学者、ポール・エミール・ド・ピュイである。「パナーキー」とは売り手と買い手との商談と同じように、人々と国家がその関係を交渉できるとみなしホッブズなどのいう社会契約論と異なって明示的な社会契約を国家と正式契約できるという考え方だ。〝Pan〟は「すべてを包摂する」という意味をもち、〝archy〟は統治形態を意味するから、パナーキーは自由放任を前提に多種多様な統治形態を是とみなしている。

本書でいう「無領土国家」はもともと、作家平野啓一郎が『ドーン』という未来小説のなかで登場させた概念として引用した。個人を構成する複数の「分人」をベースにした国籍を発行する領土をもたない国家で、ネットワーク化の規模によって複数の無領土国家が存在する。小説中の抽象的な表現を紹介すれば、国家としての「管理機能を有効活用し、活動領域のレイヤーとして維持することで、システムの水平的な多様性を損なわないようにしつつ、その上に無領土国家という非領土的な枠組みを何層にもわたって重ねていくことで、国籍に基づく個人のアイデンティティを相対化するという」発想に基づくものだ。世界最大の無領土国家は「プラネット」(Plan-net) と呼ばれており、国連との協議資格、ヨーロッパ評議会のオブザーバー資格、オリンピックの参加枠まで獲得しているという。二〇三三年ころの状況で、プラネットの二重国籍をもつ米国国民が三〇〇〇万人を超えていると想定されている。

こうした問題提起こそ、「政府の失敗」そのものを意味しているのではないか。

属地主義か属人主義か

実は、世界中の金持ちの多くは主権国家を信じていない。ゆえに、分散投資で資産を世界中に分散し、相続税対策をはかりながら、資産の維持・拡大に余念がない。日本の税法は「属地主義」に立っている。ゆえに、国籍の如何にかかわらず、日本の領土内に居住する個人・法人はそのすべての所得に対して納税義務が課されている。海外で得た利益であっても、日本の居住者は国内所得と合算して申告・納税しなければならないのだ。この原則は、米国が採用する属人主義とまったく異なっている。属人主義では、米国の国民であれば世界中どこにいても納税の義務があるとされる。属地主義の場合、これを逆手にとって、非居住者になれば、海外での所得についての納税義務はなくなる。こうした方法による税逃れに対して、日本の国税庁は個別に厳しい徴税姿勢を示しているようだが、すでに一部の日本人は着実に資産を海外に移し、官僚支配の進んだ「泥船」日本から逃げ出している。それが、財政破綻につながる。そうであるならば、むしろ属人主義に税制を抜本的に改めるべきではないか。

ここで、主権国家が相次いで誕生した一九世紀以降、個人を領地に結びつける封建的隷属と出生地主義がもともとあったことを思い出そう。いわば、生まれた国に忠誠を誓うことが過去の遺制として当然視されたことになる。だが、それが一八〇四年のナポレオン民法によって国籍に血統主義が導入される。これはアンシャン・レジームから脱却した新時代を生きる国民という意識の喚起につながった。とくに義務教育を通じて、こうした新時代の道徳観が植えつけられて、それによって主権国家体制の維持がはかられてきた。ただし移民の国としての米国は「出生地主義」を維持しつづけ、そこではより強い国家への忠誠が求められるようになる。ゆえに米国では国歌や国旗に対する忠誠が法律によって求められているのだ。一方、フランスは一八八九年、再び出生地主義に戻る（現在は出生地主義と血統主義の混合形態）。それは人口減少への対応や外国人兵士の取り込みのためになされたのである。つまり、国家の都合で原則が簡単に変えられてしまうのだ。この点を忘れてはならない。

日本の場合、封建的連続の遺制として納税においては属地主義が残り、国籍は血統主義が継続されている。こちらは、むしろ、緩和して重国籍を認める方向に舵を切るべきではないか。ついでに、選択的夫婦別姓も導入すべきだろう。二〇一五年一二月、最高裁判所は夫婦同姓規定を合憲とする判決を出した。「夫婦同姓の制度は我が国の社会に定着してきたもので、家族の呼称として意義があり、その呼称を一つにするのは合理性がある」というのだが、これはまったく理解に苦しむ判決文だ。こうした制度が主権国家によって強制されたものであった事実を忘れている。こうした強制によって、「おかみ」を中心に国民がもたれ合う構造がつくり出されてきたのだ。「おかみ」につき従いながら、世間を形成し、仲間に加わらない者を排除し、国家優先の仕組みを定着させたのである。そうであるならば、一刻も早く夫婦同姓制度を止めるべきなのではないか。

ついで指摘しておきたいのは、婚外子の増加という世界的傾向についてである。結婚していない女性が出産する割合はOECD平均で一九七〇年には一〇%を下回っていたが、二〇一二年には四〇%近くに上昇している（*The Economist*, Jan. 16th, 2016）。フランスやスウェーデンでは五〇%を超えた。日本は二%から若干、上昇しているだけだが、女性労働が広がるにつれて、婚外子が増加するのは避けられないだろう。フランスでは、一九九九年の民法改正で「民事連帯契約」(Pacte civil de solidarite, Pacs）が認められるようになり、共同生活を営む者同士が同姓、異性を問わず、法的婚姻関係にあるカップルと同等の権利を認められる公証制度としてスタートした。いわば、同棲（cohabiting）を法制度として位置づける方法がベルギーやオランダでも採られている。結婚に主権国家が干渉するようになった結果、配偶者控除の問題や、相続や年金の問題、子どもに対する親権の問題など、さまざまな問題を各国の法律で調整する必要が生まれたわけだが、そうした近代化に伴う法制度自体がいま世界中の国々で揺れ動いている事実を知らなければならない。いわば、国家＝政府が内部から変化を求められているのである。

通貨発行

国家＝政府は中央銀行を通じて、通貨を各国ごとに発行することを当然のように考えている。だが、そこにまで至るには長い歴史が必要であったことを忘れてはならない。貨幣には銀行券と補助貨がある。この銀行券を各国中央銀行が独占的に発行しているわけだが、それは、国家＝政府が本来、保有してきた貨幣発行権を中央銀行に移譲した結果である（そこで中央銀行の国家からの独立性が問題になる）。かつては、国家が直接、発行した紙幣もあったし、国家が直接、鋳造した金貨や銀貨といった鋳造貨もある。その意味で、貨幣発行をめぐって議論するには、鋳貨、紙幣、銀行券に注意を払う必要がある。

そもそも、国家が金貨や銀貨を貨幣として発行し、流通させてきたのは、その発行に貨幣発行特権（シニョレッジ）があり、採掘や鋳造にかかった費用以上に高い価値をもつものとして貨幣を発行できると理解したことが大きな要因であった。しかも流通している鋳貨よりも低い含有量の各種貨幣に改鋳することもできることもあり、国家と貨幣発行権は強く結びついていった。だが、それは改鋳による貨幣価値の低下の歴史をつくり、政府が借り入れる際、受領書を出し、人々にそれを貨幣として受け取ることを命じるまでになる。国家による紙幣の発行だ。だが、単なる紙切れでは、人々の信用を得られないから、いつでも金に交換できるという兌換を保証することで国家による紙幣発行もさかんに行われるようになったのである。これが、中央銀行による銀行券（紙幣）の発行を意味し、それはバランスシート上、負債とみなされる。その銀行券が市中銀行に貸し出され、市中銀行は民間にそれを貸し出す。この紙幣流通を支えたのが法定支払手段とするという国家による強制であった。これは、金銭債務の支払いに際して、債務者が受領義務を負うことであり、紙幣が「法貨」になったことを意味している。その結果として、国家は貨幣価値の低下、すなわち、インフレーションを引き起こしてきたと言える。

一八世紀には民間銀行が一国の定めた金貨ないし銀貨と兌換可能な銀行券を発行する権利があるかが問題となった。ただし、これは民間銀行がそれぞれの貨幣を発行して、競争するというものではなく、すでにある金ないし銀ないし兌換紙幣への兌換を前提に銀行券を発行するというものにすぎなかった。スコットランド（一七一六～一八四四年）、ニューイングランド（一八二〇～六〇年）、カナダ（一八一七～一九一四年）などにも、こうした民間発行銀行が発行する銀行券があった。

ドイツの民間発券銀行の場合、各行の信用力で銀行券を発行していたが、その背後には、ドイツ帝国を構成した各ラント（州）の認可があった。歴史の流れのなかで、こうした民間発券銀行は認められなくなり、中央銀行によって発行された法貨としての銀行券だけが発行・流通されるようになる。だが、これは民間発券銀行の銀行券発行を認めていれば、自ら発行する銀行券に対する責任を個々の民間発券銀行に帰すことができたのに、これを止めた結果、民間発券銀行の銀行券についてもその兌換に必要な現金を中央銀行が供給せざるをえなくさせた。これが問題だったのは、小切手の振り出しによって取引の決済にあてることができ、貨幣と同じ機能を果たす当座預金や、広義の要求払い預金が民間銀行に急速に集まっていたことだった。つまり、要求払い預金を通じて法貨を各民間銀行が発行しているような状況が現出していたにもかかわらず、その小切手振り出しにともなう責任をも中央銀行が負い、要求払い預金の支払いに必要な銀行券をすべて民間銀行に供給しなければならなくなってしまったのである。

こうして国家は貨幣発行権を事実上、独占した。残された問題は、国家と中央銀行の関係であり、国家が中央銀行を支配できれば、国家は中央銀行と一体となって、貨幣を発行できるようになる。ただし、貨幣が金への兌換を前提としているかぎり、金の価値を無視した貨幣発行はできない。そこが、国家による貨幣発行権の濫用を食い止める重要な歯止めとなっていたと考えられる。金への兌換を前提にするドルが基軸通貨として決済の役割を果たしえたからこそ、固定為替相場制のもとで各国の発行する銀行券の交換も順調に行われてきたのだ。金ないしドルを基準として固定された交換比率の維持を強制することで、貨幣発行による貨幣の価値引き下げを行って辻褄を合せようとする貨幣当局に対抗することができたのだ。貨幣発行者が勝手に貨幣量を変化させる力を弱めるのである。

だが、一九七一年のドルの金本位制からの離脱はこうした世界経済秩序を崩壊させてしまった。

それを余儀なくさせた主因が、米財務省証券の大量発行であったのは間違いない。これは、「金融政策と財政政策との邪悪な結婚（unholy marriage）」によってもたらされた。いわゆるケインズ政策によってである。ここでは、ハイエクの的確な指摘を紹介しておこう。「競争がなければ、貨幣の独占供給者が有益な規律に従わなくなるのとちょうど同じように、政府はその貨幣についてもつ権力によってその支出を収入内にとどめる必要から解放されることになる」というのがそれである。興味深いのは、金本位制と固定為替相場制の撤廃が不換銀行券に基づく変動為替相場制に軟着陸できたという誤解が広がった点である。言わば、民間銀行間の独自貨幣発行による競争を認めないばかりか、一国の法貨を民間銀行が発行することさえ取り止め、その責任を各国中央銀行に負わせるという仕組みを地球規模に拡大し、各国通貨の競争という部分的競争を認めながら、その競争に伴う各国中央銀行の責任を米国が主導する国際通貨基金（ＩＭＦ）に負わせるという仕組みに変えたのだ。それを支えたのがＩＭＦに蓄えられた準備金である。それは、準備銀行制度を導入して個別銀行の創造した貨幣（小切手預金）について、それぞれの銀行が責任をもたないような制度としたのと同じ延長線上にある。つまり、ここに至って、各民間銀行、各国中央銀行はその発行する貨幣に対する責任を回避する無責任な世界金融秩序が整えられたことになる。これが、大規模銀行などの金融機関が放漫経営に陥っても、結局、各国中央銀行や、最終的にはＩＭＦがそれを救済してくれるという事態につながる。しかも、「金融政策と財政政策との邪悪な結婚」によって、国債の大量発行による国家の放漫財政についても同じことが繰り返されようになる。「モラルハザード」が地球のあちこちでみられるようになり、頻繁に火の手があがることになったのだ。

ブロックチェーンに注目せよ

他方で、補助貨の隆盛がみられる。問題となるのは電子マネーだ。ネット上の通貨には、①電子化型、②ポイント型、③ラベリング型、④ゲーム型、⑤独自発行型――がある。①は、いわゆる電子マネーであり、従来の現金や小切手が担ってきた役割を電子的に代替するものだ。②は商品の購入、広告バナーのクリック、サイトへの入会登録などをすると、ポイントがもらえて商品の購入に使うことができるシステムだ。だが、ポイント所有者同士が商品の売買を直接行ったりできないクローズドループのシステムなので貨幣とは言いがたい。③は、財や貨幣のバスケット（同類のものの集まり）を貨幣とみなすタイプで、独自に信用創造がされているわけではないので、貨幣が発行されてはいない。④は、広い意味でのネットゲームのなかで、ゲームへのインセンティブを上げたり、ゲームをよりリアルにしたりする目的で貨幣が流通しており、ゲーム中の財を現実の貨幣と交換する者もいる。ヴァーチャル空間であるSecond Lifeでは、Linden Dollarsという通貨が使用され、ドルなどとも交換できる。中国の仮想空間Tencent（QQ）では、Q coinが使用されてきた。⑤は、バーター取引を円滑化するBigVine（通貨としてTrade Dollarsを使用）やwebswap（通貨としてSwap Equalizerを使用）においてB2B（Business to Business＝企業間取引）や

C2C（Consumer to Consumer＝消費者間取引）の形でオンラインバーター取引が行われ、独自通貨を購入し、決済に用いられた。たとえば二〇〇九年には、ビットコイン（Bitcoin）と呼ばれる通貨システムが発明された。ビットコインと現実の通貨との交換はマウント・ゴックス（Mt. Gox）という、東京にある組織などで行われてきた。ただ二〇一四年二月、マウント・ゴックスでのサービスが停止され、口座からの現金の引き出しができなくなるなど、大きな混乱が起きた。

ビットコインの命運は尽きたと思っている人が多いかもしれないが、どっこいビットコインは生き残っている。売り手の買い手との通貨取引が銀行のような第三者機関を介さずに直接できるメカニズムの構築という発想自体はまっとうであるからだ。電子コインを買う者にとって大切なのは過去の所有者がコインを二重使用していないことが検証でき、二重使用されないようにすることだが、ビットコインは公開型の取引履歴を監視することでこれを防止しようとする。この取引履歴の台帳は「ブロックチェーン」（blockchain）と呼ばれている。これまではこのブロックチェーンの信頼性が保障できなかったために中央銀行や政府、決済銀行のような機関が二重使用を防ぐ役割を果たしてきた。こうした集権的な機関の信頼性が崩れているいま、むしろブロックチェーンを活用した分散型の取引形態のほうがずっと簡便でコストもかかわらない。ゆえに、二〇一五年九月、ゴールドマン・サックス、J・P・モルガン、クレディ・スイスなど九社は、ニューヨークのR3 CEVが主導するブロックチェーン・コンソーシアムを設立した。

二〇一六年三月現在、四二機関が参加している。二〇一六年二月には、金融サービス向けの

「ブロックチェーン」技術の開発に従事するディジタル・アセット・ホールディングスはゴールドマン・サックス・グループとIBMがこのソフトウェア開発向けに六〇〇〇万ドル強を拠出するプロジェクトに共同参加することを明らかにした。

興味深いのは、ブロックチェーンの普及が主権国家体制を突き崩しかねない点である。分散型の決済が簡単に低コストでできるようになれば、主権国家による規制が邪魔になる。だからこそ、官僚はこうした動きを食い止めようとしている。そのためこうした議論さえ封じ込めようと躍起になっている、と日本の場合には言いたくなる。まさに「政府の失敗」として、政府が独占してきた通貨制度そのものが総崩れとなる可能性があるのである。だからこそ、逆に、ロシア中央銀行や中国の人民銀行は「ブロックチェーン」の研究を本格化させている。「ブロックチェーン」への対応が主権国家にとっていかに重要かを知っているからだ。

まだまだある「政府の失敗」

本当は、「政府の失敗」はまだまだ存在する。政府には行政サービスを提供する供給面と、そのための資金を集めるという、政府自らが需要する面がある。この需要面では、国債発行による政府の資金調達と徴税による資金調達の二つにかかわる「政府の失敗」がある。ほかにも、政府自身が消費するための政府調達面にも腐敗といった需要サイドの「失敗」がある。あるいは、供給サイドからみると、あまり議論されることなかった教育、医療、国防の分野にも「政府の失敗」が目立つようになっている。

こうした二一世紀の現実こそ、地球上の各国家=政府に属さざるをえない人々に突きつけられている対処すべき課題であると考えられる。ＦＳＢによる拉致といった事態もこうした構造のなかで生まれた偶然の産物のような出来事なのである。

終章　国家の奢りと焦り

1　人間の統治

人間の統治には、暴力だけが必要なわけではない。統治機構は、暴力による強制ではなく自発的行動の促進による人間の統治を可能とする仕組みを必要としている。自発的行動を促すには規律が必要であり、古くは宗教の教えがこの規律を提供した。神に奉仕するという規範が前提となっていた社会では、その神の意志の範囲内で願い事がかなえられることになる。

その後、領主や国王、皇帝などへの忠誠心の重要性が増し、やがて主権国家の誕生で愛国心がこれに取って代わるようになる。ヨーロッパの場合、王が諸侯に求めて兵士を集め「敵」と戦うことは可能であったが、それには諸侯の武力を温存し一定の忠誠心をもたせることが不可欠だった。諸侯は国外の敵と戦うだけでなく自分の領地内の不穏分子を攻撃するために武装していたから、この武力をなかなか取り上げることができないうちは、すなわち、いわゆる絶対君主制が確立するまでは、忠誠心を領主にいかに植えつけるかが国王の課題であった。

現代に近づくと、立憲政治の登場によって、国王への忠誠心を主権国家への忠誠心に転化させる動きが全面化する。主権国家を律する憲法の遵守を誓わせることで、主権国家への忠誠へとつなげるのである。

こうした統治上の変化の過程で、下位者が上位者に頼み事をする嘆願や請願はどうなったかというと、ここでも暴力に訴える方法から暴力によるのではなく上位者の自発性を引き出さす方法が広がるようになる。下位者と上位者という位相がはっきりしている場合には、下位者からの嘆願・請願には金・銀・財宝のような価値ある「贈り物」の提供がなされるようになる。現代からみれば、賄賂のようなものが願い事の実現に対する返礼として渡させることが当たり前のように行われることになる。賄賂を使わずに願い事をかなえてもらうには、下位者は暴力に訴えるしかない状況に追い込まれることになる。それが一揆といった反乱だ。

だが、「贈り物」なしでも願い事をかなえてもらえる制度ができれば、すなわち、請願が制度として機能するようになれば、下位者が「贈り物」をするだけの財力がなくても願い事がかなえられる可能性が与えられることになる。その結果、一揆や暴動といった暴力沙汰にしなくても問題解決がはかられる可能性が広がる。

それでも、上位者に民意を聴く姿勢がなければ、自発的な問題解決は難しい。日本で言えば、いまなお、民に官への「おかみ意識」が根強く残っているという大問題がある。

筆者はこんなことをもう二〇年近く、腐敗と関連づけながら研究してきた。そのすべてがつまった本が近く社会評論社から上梓される（タイトルは『官僚の世界史：腐敗の構造』、ついでに、請願やロビイストに注目した『正しい民意の伝え方』（仮題）という新書もポプラ社からこの夏に刊行になる）。関心のある読者はぜひ読んでいただきたいのだが、ここではこうした説明からわかるように、FSBが筆者にとった暴力行為は暴力だけを重視する、まことに愚かな行為であったと結論づけることができる。

2 「可死の神」としての主権国家

すでに紹介した『中東複合危機から第三次世界大戦へ』という本のなかで、山内昌之は「イスラーム国」（ＩＳ）がポストモダン型戦争をはじめたと興味深い指摘をしている。インターネットやサイバー空間を利用して、シリアの拠点や本部からの距離や広がりにまったく関係のない空間を軍事的に影響下に置くことに成功していることに注目している。しかも、彼らは、一九一六年に英国の中東専門家マーク・サイクスとフランスの外交官フランソワ・ジョルジュ・ピコによって原案が作成されて生まれた協定で、オスマン帝国分割を恣意的に決めた国境をまったく無視している。そんなものは主権国家同士のなんの根拠もない決定であると主張しているのだ。

主権国家というわけのわからない仕組みは決して永遠のものではない。だから、ホッブズも怪物リヴァイアサン（Leviathan）を、「可死の神」（deus mortalis, mortal God）とみなしている。神はふつう、永遠で不死を特徴とするが、「巨大な権力」の象徴としてのリヴァイアサンは国家の魂の部分であり、国家自体は保護を実現する機械と化す。その意味で、それは朽ちる可能性を排除できない。ゆえに、国家は神のようでいながら、神と異なり、死ぬのである。

そう考えるとき、主権国家同士が懸命に談合し、ＩＳを潰そうとしても、そう簡単にＩＳが野垂れ死にすることはあるまい。主権国家自体、永遠ではなく死ぬのであり、主権国家間の談合に普遍性があるわけでもない。むしろ、各国の国民の多くは主権国家が官僚に牛耳られ、民主主義が形骸化し、環境悪化や人権などの地球規模の問題に十分に対応できていないことにうすうす感づいている。だからこそ、本当は本書で指摘した「政府の失敗」の根本問題に真正面から向かい合うべきなのだ。

現状では、主権国家はひたすらに協力し合うことで、主権国家を揺るがす芽を摘もうとしているようにみえる。その例がG20の場で、租税回避地であるタックスヘイブンを厳しく規制しようとする協力だ。だが、情報技術の発達はそんな主権国家の「談合」をあざ笑っているのであり、国家を超えて活動するグローバルな企業への課税は根本から改めなければならない。しかも、それは各国別の徴税という各主権国家の既得権益を守ることではもはや対応できない。本当は主権国家はその事実をわかっており、だからこそ焦りのようなものを感じているのではないか。それが問答無用の暴力となって突発的に出現するのではなかろうか。そんな気がしている。

旧来の権力を守るために暴力という脅しをかけてみても、一人一人の人間の自主性を引き出すことができなければ、人間の統治はできない。徒労に終わるだろう。それは、FSBが「協力せよ」と筆者に脅しをかけても、筆者の自主性を引き出せない以上、まったくの失敗であると同じだ。

二月一四日に成田を飛び立つ直前まで、筆者は出版できるかどうか、まったくあてのないままに『政府の失敗』という本のための原稿を書いていた。その一部が本書のなかにいかされているのだが、いま、なおさら「政府の失敗」を声高に訴えかける必要性を強く感じている。なぜなら主権国家の奢りを糾弾しなければ、政府＝国家は改善されないからである。こうした想いを改めて実感させられたのが今回の拉致事件であったことになる。

本書を読んだ方が今後、「国家なんか怖くない」と感じられるような社会変革を望んでいる。そのきっかけとして、読者各人は国家＝政府に対する見方をどうか再検討してほしい。国家への認識の見直しはロシアだけでなく、米国や日本という主権国家にもあてはまる。

あとがき

拉致発生からちょうどまる一週間で本稿のほとんどすべてを書き上げた。涙はカタルシス（浄化）につながると言われているが、今回はエクリチュールが恐怖を浄化してくれたように思える。本書を書き上げた爽快感のようなものを感じている。

本稿は四〇〇字詰め原稿用紙に換算すると、約二八〇枚の分量になる。過去に刊行した『ネオKGB帝国』（東洋書店）や『ガスプロムの政治経済学』（Kindle版）が大いに役に立った。すでに一〇冊以上の本を上梓してきたが、緊急出版のかたちで本書を出版してくれた社会評論社の松田健二氏に深謝したい。

本文中でもふれたが、七月に『官僚の世界史：腐敗の構造』を出版する。二〇年ほどかけて探究してきた腐敗問題をまとめたものである。この研究が今回の拉致事件を分析する際にも大いに役に立った。本書を書く原動力となった洞察がこの拙著に盛り込まれている。こちらは原稿用紙換算九〇〇枚を超える大著だから、十分に読み応えのある出来栄えになっていると自負している。

つぎの目標は『ロシア革命一〇〇年の教訓：社会主義の虚構』（仮題）を書くことだ。実は、ここ数年間でもっとも感銘を受けたのは、鈴木啓史著「利潤分配制と社会主義：日本における大正期から昭和戦後期に至るまでの受容と変容の歴史」（二〇一〇年度大阪大学博士学位論文）である。

この論考は標準的な社会主義像がまったくの誤りであることを論証している。廣西元信の指摘する、日本のマルクス理解の不備を受けいれ、その問題点を掘り下げようとする姿勢を評価したい。とくに、「共同所有」をめぐる「総有」、「合有」、「共有」という廣西の区分にかかわる掘り起こし作業、ゲルマン法とローマ法の「所有」・「占有」概念をめぐる考察に刺激を受けた。レーニンへの理解などに違和感はあるものの、鈴木のような考察はもっと知られていい。この論文に刺激を受けながら、ロシア革命が社会主義革命と呼ばれているものとまったく異なることを明らかにしたいと考えている。それは、「上からのデザイン」という設計主義を批判することにもつながる。

二〇一六年四月八日

塩原　俊彦

113
リャザン（Ryazan）124-5
サーカシヴィリ、ミヘイル（Saakashvili, Mikheil）44
サンクトペテルブルク（St. Petersburg）43, 70, 82-4, 93, 97, 100, 103, 107, 110, 112, 114-6, 120-1, 128
サハリン 98-100
サリエー、マリーナ（Sal'ye, Marina）127
サリエー委員会（Sal'ye Commission）127
佐和隆光 155
シュミット、カール（Schmitt, Carl）144, 146
セーチン、イーゴリ（Sechin, Igor）83, 87, 93, 113
セドフ・V（Sedov, V. V.）62
政府の失敗 6, 140, 143, 154-68, 177, 183-4
SETP 96-7
セーヴェルスターリ 106, 108, 110, 113, 115
シャマロフ、キリル（Shamalov, Kirill）114, 118
シャマロフ、ニコライ（Shamalov, Nikolay）82-3, 106, 108-9, 114-7, 121
シャマロフ、ユーリー（Shamalov, Yuriv）109, 115
新露土戦争 46, 60
出生地主義 169
スミス、アダム（Smith, Adam）148
SMP 銀行 83, 98, 103
スノーデン、ロバート（Snowden, Edward）76
サプチャーク、アナトーリー（Sobchak, Anatoliy）107, 127-8
ソビャニン、セルゲイ（Sobyanin, Sergei）102
ソチ（Sochi）5, 73, 89, 98, 102
ソガス（SOGAZ）108-9, 112-3
SORM 72, 74
サウスストリーム（South Stream）56
スペンサー、ハーバート（Spencer, Herbert）149
SSCI 72

クルド人（Kurd） 46-8,53-4,59
メイヤー、ジェーン（Mayer, Jane） 136
メドヴェージェフ、ドミトリー（Medvedev, Dmitriy） 31, 73, 102, 107, 126
ミル、ジョン・スチュアート（Mill, John Stuart） 149
モルダショフ、アレクセイ（Mordashov, Aleksey） 106, 110, 113, 116
ラティニナ、ユーリヤ（Latynina, Yulia） 51
ロー、ジョン（Law John） 162
レニングラード（Leningrad） 84-6, 106-7, 127
リヴァイアサン（Leviathan） 128, 143-7, 182
リトヴィネンコ、アレクサンドル（Litvinenko, Aleksandr） 24-5, 120-6
ミレル、アレクセイ（Miller, Aleksey） 42,83,91,98,118
ナフトガス（Naftogaz） 42-4
ノルドストリーム（Nord Stream） 57
ノヴァテク（Novatek） 83,91-3,108-9
NSA（National Security Agency） 79
オバマ、バラク（Obama, Barak） 59,80-1,129-31,135
オーゼロ（Ozero） 83-4,105-6,108-9,115
パナーキー（Panarchy） 167
PNR（Passenger Name Record） 74
パターソン、イザベル（Paterson, Isabel） 152
パトルシェフ、ニコライ（Patrushev, Nikolay） 122, 124-6
プリズム（PRISM） 76
プーチン宮殿 114, 116-7
プーチンの長女（マリヤ） 91, 114
プーチンの次女（カテリーナ） 91, 114
レーガン、ロナルド（Reagan, Ronald） 152-4
リドレイ、マット（Ridley, Matt） 142
ロスネフチ（Rosneft） 39-41,83,87,91
Rostec 51,83
ローテンベルグ、アルカジ（Rotenberg, Arkadiy） 81,83,89,95-104,

フルセンコ、アンドレイ（Fursenko, Andrey）83-4, 107
フルサンコ、セルゲイ（Fursenko, Sergey）83, 108
ガイダール、イーゴリ（Gaigar, Yegor）27, 63, 85, 127
ガスプロム（Gazprom）42-4, 56-7, 81, 91, 95-100, 106, 108-9
銀行「ロシア」83, 86, 105-13, 116
GLONASS 45
ゲーテ、ヨハン・ヴォルフガング・フォン（Goethe, Johann Wolfgang von）161, 163
ゴールドバーグ、ジョナ（Goldberg, Jonah）151
GULAG 64
グンヴォー（Gunvor）83, 86-95
ヘッケル、エルンスト（Haeckel, Ernst）151
ハイエク、フリードリヒ（Hayek, Friedrich）152-3, 174
平野啓一郎 167
廣松渉 40, 141
ホッブズ、トマス（Hobbes, Thomas）141, 143-7, 167, 182
IMF（International Monetary Fund）174
インターネット（Internet）5, 17, 36, 71-3, 75, 111, 133, 163, 182
IS（Islamic State）46-54, 58-9, 182
重国籍 163-5, 168-9
ケリー、ジョン（Kerry, John）59, 134-5
血統主義 164, 169
ケインズ、ジョン・メイナード（Keynes, John Maynard）150, 174
KGB 3, 5, 17, 29-30, 61-8, 70-1, 81, 83, 123-4, 140, 185
ハダルコフスキー、ミハイル（Khodorkovskiy, Mikhayl）40
コック兄弟（Koch, Charles & David）136-7
国家安全保障戦略 31-2
コージン、ウラジミル（Kozhin, Vladimir）82, 107
コヴァリチューク、ユーリー（Koval'chuk, Yuriy）81-4, 104-13
コヴァリチューク、ミハイル（Koval'chuk, Mikhayl）84
クルィシタノフスカヤ、オリガ（Kryshtanovskaya, Ol'ga）67
クドリン、アレクセイ（Kudrin, Aleksey）107

索　引（ABC順）

アブラモヴィッチ、ロマン（Abramovich, Roman）111, 116
アルファグループ（Alfa Group）111
アパート爆破 123
ベヒモス（behemoth）144
ベレゾフスキー、ボリス（Berezovskiy, Boris）24, 122-3, 126
バイデン、ジョー（Biden, Joe）132-4
ビットコイン（Bitcoin）176
ブロックチェーン（blockchain）175-6
ボグダノフ、ウラジミル（Bogdanov, Vlagimir）86, 91, 110
チェチェン 123, 125
チェメゾフ、セルゲイ（Chemezv, Sergey）68, 83
クリントン、ヒラリー（Clinton, Hillary）136
クラスター爆弾（cluster bomb）45
第三次世界大戦 60, 182
ダーウィン、チャールズ（Darwin, Charles）149
ダベンポート、チャールズ（Davenport, Charles）151
ダウィシャ、カレン（Dawisha, Karen）5, 81
デラウェア州（the state of Delaware）132-3
ド・ピュイ、ポール・エミール（De Puydt, Paul Emile）167
エネルギー憲章 41
エルドアン、レジェップ（Erdogan, Recep）46, 50, 52, 54-5, 57, 60
欧州人権裁判所（European Court of Human Rights）39-40, 42
EU 50, 74, 82, 164
FAPSI 71
ファウスト（Faust）161, 163
FSB（Federal'nayaSluzhbaBezopasnosti）3-4, 17, 24, 26-33, 36, 39
フェルゲンガウエル、パーヴェル（Felgenhauer, Pavel）44, 58-60
フリードマン、ミルトン（Friedman, Milton）153

塩原俊彦（しおばら　としひこ）
高知大学大学院准教授。学術博士。元朝日新聞モスクワ特派員。
著書に、『ウクライナ2.0：地政学・通貨・ロビイスト』（社会評論社、2015年）、『ウクライナ・ゲート：「ネオコン」の情報操作と野望』（社会評論社、2014年）、*Anti-Corruption Policies*（Maruzen Planet、2013）、『プーチン2.0：岐路に立つ権力と腐敗』（東洋書店、2012年）、『「軍事大国」ロシアの虚実』（岩波書店、2009年）など多数。2016年夏に、『官僚の世界史：腐敗の構造』（社会評論社）、『正しい民意の伝え方』（ポプラ社、仮題）を刊行する。

プーチン露大統領とその仲間たち
――私が「KGB」に拉致された背景――

2016年4月28日　初版第1刷発行

著　者――塩原俊彦
装　幀――右澤康之
発行人――松田健二
発行所：株式会社 社会評論社
東京都文京区本郷2-3-10　☎03(3814)3861　FAX 03(3818)2808
http://www.shahyo.com/
組　　版：スマイル企画
印刷・製本：倉敷印刷株式会社